왜 왕따시키면 안 되나요?

왜 왕따시키면 안 되나요?

1판 1쇄 펴냄 2012년 10월 15일
1판 6쇄 펴냄 2014년 9월 17일

지은이　채화영
그린이　천필연
편집　박경화, 황설경, 이은영, 유나리
마케팅　송만석, 한아름

펴낸이　하진석
펴낸곳　참돌어린이
주소　서울시 마포구 독막로 3길 8
전화　02-518-3919
팩스　0505-318-3919
이메일　book@charmdol.com
신고번호　제313-2011-157호
신고일자　2011년 5월 30일

ISBN　978-89-97592-15-9 63800

* 이 책 내용의 전부나 일부를 이용하려면 반드시 저작권자와
　참돌어린이의 서면 동의를 받아야 합니다.
* 책값은 뒤표지에 있습니다.
* 잘못된 책은 구입하신 곳에서 바꾸어 드립니다.

왜 왕따 시키면 안 되나요?

채화영 지음 · 천필연 그림
황준원(강원대학교 소아정신과 교수) 감수

감수글

여러분은 친구가 무엇이라고 생각하나요?
학교나 학원에 가면 언제나 친구들을 만날 수 있지요. 그런데 항상 옆에 있어 주는 친구가 편한 나머지 상처를 준 적은 없나요?
요즘 청소년의 집단 따돌림이 사회적으로 큰 문제가 되고 있어요. 염려되는 것은 그 연령대가 점점 낮아지고 있다는 것입니다. 왕따를 놀이처럼 여기는 풍조가 학생들 사이에 만연하고 있으니까요.
친구는 재미를 위해 존재하는 것이 아닙니다. 친구 한 명 한 명은 나와 똑같이 인격이 있고 존중받아야 할 사람들입니다. 나와 맞지 않다고 해서, 하는 행동이 마음에 들지 않는다고 해서 따돌리고 괴롭힌다면 존중이나 사랑이라는 단어도 사라지게 될 거예요.
마음에 손을 얹고 내 친구들에 대해 생각해 보세요. 내 이기심으로 친구를 험담하지는 않았는지, 분위기에 휩쓸려 친구를 괴롭히지는 않았는지, 장난이랍시고 친구에게 상처를 주지는 않았는지 말이에요.
'폭력이 폭력을 낳는다.'라는 말처럼 왕따 역시 또 다른 왕따를 낳게 된답니다. 마음에 입은 상처는 오랜 시간 사라지지 않는 흉터를 남기지요. 좀 더 넓은 마음으로 친구를 대해 보세요. 친구를 내 입장에서 평가하지 말고 좋은 점을 찾아 인정해 주세요.
그리고 주변에 따돌림을 당하는 친구가 있다면 먼저 손을 내밀어 주세요. 따뜻한 관심, 말 한마디로 친구의 마음을 다독여 주세요. 여러분 한 사람의 변화가 더 큰 결과를 가져올 테니까요.

　이제부터 여러분은 가까운 이들에게 상처를 입은 여러 명의 친구들을 만나게 될 거예요. 그 친구들이 어떤 이유로 미움을 받고 따돌림을 당하게 되었는지, 내 행동과 비슷한 점은 없는지 진지하게 생각해 보는 기회로 삼았으면 좋겠습니다.

　반대로 왕따를 당한 경험이 있다면 글 속 친구들을 통해 아픔을 이겨 내는 방법을 배우게 될 거예요. 상처를 극복하기 위해서는 무엇보다 나 스스로를 사랑할 줄 알아야 된다는 사실을 말이지요. 이 책을 다 읽었을 때쯤 여러분의 마음에도 큰 변화가 생기길 소망합니다.

　자, 그럼 이제 친구들을 만나러 가 볼까요?

2012년 10월 가을의 한가운데서
황준원

차례

감수글 • 04

PART 1 왜 왕따시키면 안 되나요?

나와 똑같은 사람은 없어요 • 10

내가 겪게 될 수도 있어요 • 18

친구들이 한다고 같이 하면 안 돼요 • 26

친구는 장난감이 아니에요 • 34

왕따는 나쁜 문화예요 • 43

뿌린 대로 거두어요 • 51

PART 2 왕따 문제, 이렇게 고쳐요

친구가 그냥 싫어요 • 58
 …친구의 장점을 찾아보세요_63

저 친구는 나와 달라요 • 67
 …서로 다른 점을 이해해 봐요_71

모든 인격은 고귀하고 소중해요 • 76
 …배려하는 마음을 가져야 해요_83

친구가 자기만 생각해요 • 86
…나 자신을 돌아보세요_94

겉모습이 싫어요 • 97
…먼저 손 내밀어 보세요_102

친구의 사과를 너그러이 받아들여요 • 106
…내가 소중한 존재라는 것을 잊지 마세요_110

분위기에 따라가게 돼요 • 114
…대다수의 의견이 반드시 정답은 아니에요_118

부록 엄마 아빠가 읽어요

아이에게 관심을 가져 주세요 • 124

내 아이는 어떤 성향인지 파악해 보세요 • 130

내 양육 방식을 되돌아보세요 • 134

상황에 대처하는 법을 알려 주세요 • 140

사랑받고 있음을 인지시켜 주세요 • 148

학교와 연계해서 해결책을 찾아 주세요 • 151

왕따의 심각성에 대해 인식하게 해 주세요 • 155

왜 왕따시키면 안 되나요?

1 나와 똑같은 사람은 없어요

"오늘은 친구의 얼굴을 그려 볼까요?"

4교시 미술 시간이었어요. 선생님의 말에 아이들은 크레파스를 고르기 시작했어요.

"친구의 특징을 잘 잡아서 그려 보세요."

민석이는 단짝 친구인 철호의 얼굴을 그리기로 했어요. 철호는 항상 검은 뿔테 안경을 쓰고 다녔어요. 민석이는 스케치북 위에 동그란 철호의 안경과 얼굴을 그려 나갔어요.

그런데 선생님이 잠시 교실에서 나가자 맨 뒤에 앉아 있던 경수가 킥킥거리며 말했어요.

"시커먼 그리는 사람은 없냐?"

경수의 말이 끝나기 무섭게 반 아이들은 일제히 진호를 쳐다보았어요. 진호의 작은 어깨가 더 축 처져 보였어요.

"나도 시커먼 그려야지."

"검은색 크레파스만 있으면 되겠네."

여기저기서 아이들이 떠들기 시작했어요. '시커먼'은 진호의 별명이었어요. 피부색이 검다는 이유로 아이들은 진호를 시커먼이라고 불렀어요. 세 학기 때 선생님께서 진호의 엄마는 캄보디아 사람이라 우리와 피부색이 조금 다르다고 말하자마자 아이들은 금세 진호를 놀려 댔어요.

민석이도 진호의 생김새가 신기하다고 생각했어요. 며칠 전 철호와 함께 집에 가는 길에 우연히 진호를 마주쳤지만 아는 척도 하지 않고 그냥 지나쳐 버렸어요. 괜히 창피했거든요. 진호는 얼굴 생김새가 주변 사람들과 많이 달랐어요.

"시커먼은 그릴 사람이 없겠네."

"쟤네 엄마 얼굴 그리면 되지. 똑같이 생겼잖아."

아이들이 까르르 웃었어요. 민석이도 따라 웃었어요. 민석이는 왜 진호가 한국 아이들이 다니는 학교에서 공부하는지 이해가 되지 않았어요. 그리고 '캄보디아에서 살면 놀림도 받지 않고 즐겁게 학교에 다닐 수 있을 텐데' 하고 생각했어요.

미술 시간이 거의 끝나가고 있었지만 진호의 스케치북은 텅 비어 있었어요. 동그란 얼굴의 친구도, 안경을 낀 친구도 진호에겐 없었어요. 여기저기서 진호의 얼굴을 검게 칠하는

친구들의 웃음소리가 들렸어요.

언제쯤이면 진호의 스케치북에 친구의 얼굴이 그려질까요? 진호는 검은색 크레파스를 부러뜨렸어요. 하얀 스케치북 위에 눈물이 뚝뚝 떨어졌어요.

여러분은 차이와 차별의 뜻을 잘 알고 있나요? 차이는 '서로 같지 아니하고 다름'이라는 뜻이에요. 쉽게 말하자면 정답이 없다는 것이지요. 흔히 "저 친구와 나는 성격이 틀려."라고 말하는데 이것은 잘못된 표현이에요. 성격에는 정답이 없거든요. 성격은 여러 가지 색깔을 가지고 있지요. 그렇기 때문에 '틀리다'라는 말은 시험 문제처럼 답이 있는 경우에만 쓰일 수 있는 말이랍니다. "국어 시험 1번 문제 정답을 틀렸어."라고 말할 때 '틀리다'라는 말을 쓸 수 있어요.

차이는 '다르다'라는 말로 이해할 수 있어요. "저 친구와 나는 성격이 달라."라고 말해야 맞는 것이죠. 이처럼 정해진 답이 없기에 우리는 '다르다'라는 것을 인정해야 할 때가 있어요. 여러분들의 생김새, 성격, 취미가 모두 같지 않고 다른 것처럼 말이에요. 내 단짝이 나와 취미가 같지 않다고 해서 그 친구에게 잘못이 있는 건 아니잖아요.

이처럼 '차이'는 서로의 다름을 인정하는 것이랍니다. 하지만 이 점을 지키기가 매우 어려워요. 어른들은 서로의 다름을 인정하지 않을 때 '차별'이라는 단어를 사용해요. 이것은 사람을 똑같이 보지 않고 서열과 등급을 매겨 평가하는 좋지 않은 행동이에요.

그렇다면 왜 차별이 생겨났을까요? 그것은 '다수가 하면 옳다.'라는 생각 때문이에요. 지금은 그렇지 않지만 예전에는 왼손잡이를 좋지 않게 보았어요. 오른손을 사용하는 사람이 많았기 때문에 왼손을 사용하는 사람을 이상하게 본 것이죠. 안경을 낀 친구를 '안경잡이'라고 놀리기도 했어요. 안경 쓰지 않는 것이 정상이라고 생각했기에 안경 쓴 친구를 놀렸던 거예요.

하지만 이것은 매우 위험한 생각이에요. 많은 사람이 그렇게 한다고 해서 반드시 정답이 될 수는 없어요. 사람은 한 명 한 명이 매우 소중한 존재예요. 사람이라는 이유 하나만으로 존중하고 존중받아야 하는 거예요.

프랑스의 군인이자 제1통령이며 황제의 자리에까지 오른 나폴레옹을 알고 있나요? 나폴레옹과 관련된 일화 중에서도 그의 어린 시절 이야기는 꽤 유명하답니다.

나폴레옹은 어렸을 때부터 빈약한 체격과 작은 키, 우울한 표정으로 친구들과 잘 어울리지 못하는 소년이었어요. 아무도 그가 용감한 군인이 되어 프랑스의 황제가 될 거라고 예상하지 못했지요.

나폴레옹은 항상 혼자였어요. 그는 생각하는 것을 즐겼고 산책을 좋아했어요. 또래 친구들에 비해 책도 많이 읽었지요.

친구들이 나폴레옹을 놀리고 따돌렸던 이유는 나폴레옹의 외모 때문이었어요. 평균에도 못 미치는 작은 키와 야윈 체격이 놀림감이 되었던 것이죠. 하지만 나폴레옹은 오히려 친구들보다 공부도 많이 하고 책도 끊임없이 읽으면서 꿈을 이루기 위해 노력했어요.

훗날 나폴레옹이 전쟁터에서 적군과 마주했을 때, 키가 아주 큰 적의 장군이 비웃으며 말했어요.

"그 작은 키로 무슨 일을 할 수 있겠나?"

그러자 나폴레옹은 이렇게 말했어요.

"비록 땅에서부터 재는 나의 키는 너보다 작지만, 하늘에서부터 재는 키는 내가 너보다 크다!"

　이처럼 우리가 생각을 어떻게 바꾸느냐에 따라 세상을 보는 관점이 바뀔 수 있답니다. 나폴레옹이 생각하는 '키'의 정의처럼 말이에요. 지금 내 옆에 있는 친구가 나와 다르다고, 우리와 조금 다르다고 그 친구를 차별하고 있는 건 아닌지 생각해 보세요. 사람은 모두 똑같을 수 없어요. 우리가 생각하는 게 전부 정답이 아닌 것처럼 말이에요.

2. 내가 겪게 될 수도 있어요

민희는 오늘도 수진이, 혜미와 함께 분식집에 들렀어요.

떡볶이와 튀김을 먹으며 며칠 전 있었던 일에 대해 수다를 떨기 시작했지요.

"이제 지혜랑 이제 절대 놀지 마."

"맞아. 걔 듣는 사람 기분 나쁘게 말한다니까."

"게다가 자기가 엄청 예쁜 줄 알아."

민희는 지혜만 생각하면 화가 났어요. 지혜는 1학년 때부터 민희와 친하게 지내던 친구였어요. 그런데 며칠 전 쉬는 시간에 민희는 지혜와 말다툼을 했어요. 지혜가 자신에 대해 험담을 하고 다닌다는 얘길 들었거든요.

"네가 애들한테 내 욕하고 다닌다면서?"

"누가 그래? 난 그런 적 없어."

"이미 다 들었으니까 발뺌하지 마!"

"어디서, 누구한테 들었는데? 난 그런 적 없다니까!"

민희는 지혜가 얄미웠어요. 지혜는 공부도 잘했고 얼굴도 예뻤어요. 친한 친구였지만 은근히 질투가 나기도 했어요.

"거짓말하지 마. 다 들었거든?"

"맞아, 나도 다 들었어!"

다른 친구들도 지혜를 몰아세웠어요. 민희는 울면서 아니라고 말하는 지혜를 남겨두고 친구들과 교실을 나왔어요. 밖으로 나온 민희는 친구들에게 지혜랑 놀지 말라고 단단히 일러두었어요.

수업이 끝나고 민희는 지혜가 우울한 표정으로 집에 가는 모습을 보고 속으로 고소하게 생각했어요. 지혜는 화장실도 혼자 가고, 집에

도 혼자 가야 했어요. 쉬는 시간에도 혼자 책상에 엎드려 있었어요. 민희는 괜히 기분이 좋았어요.

떡볶이를 다 먹고 친구들과 분식집에서 헤어진 민희는 곧장 학원으로 향했어요. 새로운 학원에 다닌 지도 벌써 일주일이 되었어요. 학원 친구들과 아직은 어색했지만 민희는 금방 친해질 수 있을 거라고 생각했어요.

하지만 친구들은 민희에게 다가오지 않았어요. 다들 짝이 있는데 민희만 혼자 앉아 수업을 들었어요. 쉬는 시간에도 여자아이들은 자기들끼리 뭉쳐서 화장실을 다녀오고 수다를 떨었어요.

'왜 나한텐 말을 안 걸어 주는 거지?'

민희는 학원에 가면 늘 외로웠어요. 선생님 말씀도 귀에 잘 들어오지 않았어요. 학교에서는 친구들에게 둘러싸여 언제나 즐거웠는데 학원에서는 그렇지 않았어요. 여자아이들은 자기들끼리만 귓속말을 주고받으며 민희를 힐끔 쳐다보기도 했어요. 기분이 나빠진 민희는 학원 수업이 끝나지도 않았는데 집으로 돌아와 버렸어요.

"나 학원 안 다닐래!"

민희는 엉엉 울면서 엄마에게 말했어요. 엄마는 시간이 지나면 친구를 사귈 수 있을 거라고 민희를 달랬지만 소용없었어요. 결국 민희는 학원을 그만두고 말았어요. 민희는 친구들이 많은 학교에 가서 열심히 공부하면 된다고 생각했지요.

민희는 조용히 책상 앞에 앉아 학원에서 외로웠던 자신의 모습을 떠올렸어요. 그러자 학교에서 본 지혜의 모습도 함께 생각났어요. 학교에서 본 지혜의 표정은 항상 어두웠어요. 민희는 갑자기 마음이 불편해졌어요.

'지혜도 외롭겠구나.'

민희는 지혜가 학원에서의 자기 모습과 많이 닮았다는 생각이 들었어요. 갑자기 지혜에게 미안한 마음이 들었어요.

'사람 일은 한 치 앞도 모른다.'라는 말이 있습니다. 고사성어로는 '새옹지마'라고 하지요. 새옹지마의 유래가 된 이야기를 잠깐 살펴볼까요?

중국 북쪽 국경지대인 새상(塞上)에는 점을 잘 치는 노인이 살고 있었어요. 그런데 어느 날, 노인이 애지중지 기르던 말 한 필이 오랑캐가 사는 국경 너머로 도망을 치고 말았답니다. 마을 사람들은 노인을 위로했어요. 하지만 노인은 낙심하지 않고 이렇게 말했어요.

"이것이 복이 될지 또 누가 알겠소?"

몇 달 후 신기한 일이 일어났어요. 도망친 말이 오랑캐들이 타는 좋은 말 한 필과 함께 집으로 돌아온 거예요. 마을 사람들은 너도나도 신기해하며 축하해 주었지요. 하지만 노인은 마냥 기뻐하지 않았어요.

"이것이 화가 될지 누가 알겠소?"

노인은 태연한 표정을 지으며 말했어요. 좋은 말 한 필이 더 생기자 노인의 아들은 말을 타기 시작했어요. 말은 쌩쌩 잘도 달렸어요. 하지만 얼마 지나지 않아 아들은 말에서 떨어지는 사고를 당했고, 다리가 부러져 제대로 걸을 수 없게 되었지요. 마을 사람들은 노인과 아들을 동정하며 위로를 건넸어요.

"이것이 또 어떤 복을 가져올지 누가 알겠소?"

노인은 담담하게 말했어요. 그로부터 일 년 뒤, 전쟁이 시작되었어요. 오랑캐들이 국경을 넘어 쳐들어오기 시작했지요. 마을의 건장한 젊은이들은 활을 들고 싸움터로 향했어요. 그리고 모두 전쟁터에서 죽고 말았어요. 다리를 다쳐 전쟁에 나가지 못한 노인의 아들만 무사할 수 있었답니다.

노인의 말처럼 사람 일은 어떻게 될지 아무도 모르는 거랍니다. 좋은 일이 계속될 것 같다가도 갑자기 나쁜 일이 생기는 것처럼 말이지요. 지금은 행복하지만 언제 나쁜 일이 생길지 모르고, 지금 불행하지만 언제 좋은 일이 생길지 예측하기 어려워요. 그렇기 때문에 지금 행복하다고 자만하거나 나태해지면 안 돼요. 반대로 불행하다고 느끼는 사람은 좌절하지 말고 앞으로 다가올 희망을 기다리면서 용기를 가지면 된답니다.

지금 친구를 놀리고 괴롭히는 게 재미있다고 느끼는 사람이 있을지도 몰라요. 지금은 마냥 즐겁겠지요? 하지만 반대로 내가 당할 수도 있다는 생각을 해 본 친구들이 있나요? 언제 내가 그 괴롭힘의 주인공이 될지는 아무도 모르는 거예요.

사람이 앞일을 예측할 수 있다면 얼마나 좋을까요? 불행한 일이 생기기 전에 미리 대처할 수도 있고요. 하지만 신은 인간에게 그런 능력은 주지 않으셨답니다. 그렇게 될 경우 인간은 자만해져서 미래를 위해 노력하지 않고 자기에게 유리한 쪽으로만 욕심을 부릴 테니까요. 그렇기 때문에 인간은 어떻게 변할지 모르는 미래를 위해 열심히 일하고 착하게 살려고 노력해야 해요.

자신은 그럴 리 없다고 자신하는 친구들이 있다면 오늘은 꼭 반성하세요. 사람 일은 한 치 앞도 모르는 거니까요.

3 친구들이 한다고 같이 하면 안 돼요

친구들, 안녕하세요?

저는 김병수라고 해요. 4학년이고요. 저에겐 요즘 말 못 할 고민이 하나 있답니다. 제 얘기 좀 들어 줄래요?

우리 4학년 2반 아이들은 선생님 말씀도 잘 듣고 공부도 열심히 하는 쾌활한 친구들이에요. 칭찬도 곧잘 듣는 편이랍니다. 한 명 한 명 보면 정말 착하고 좋은 친구들인데 뭉쳤다 하면 그게 잘 안 돼요.

우리 반에는 오형빈이라는 친구가 있어요. 키도 크고 수업도 열심히 듣는 친구에요. 성격도 착해서 친구들과 싸우는 걸 본 적이 없답니다. 그런데 하나 단점이 있다면 형빈이의 몸이 조금 불편하다는 거예요. 태어날 때부터 양쪽 다리 길이가 달라서 걸을 때마다 몸이 기우뚱거려요. 하지만 생활하는 데 큰 문제가 되지는 않는대요.

그런데 아이들은 자꾸 형빈이를 놀려 대고 따돌려요. '다리병신'이라거나 '절뚝이'라고 부르는 바람에 형빈이는 매일 상처를 받는답니다. 저는 형빈이가 몰래 우는 모습을 본 적이 있어요. 그날도 친구들이 형빈이의 머리를 툭툭 치면서 이유 없이 욕을 했거든요. 혼자서는 절대 그러지 않는데 꼭 여러 명이 모이면 형빈이를 괴롭혀요.

사실 저는 형빈이와 친하게 지내고 싶어요. 저희 삼촌도 몸이 조금 불편하시거든요. 삼촌이 휠체어를 타고 밖에 나가면 주위 사람들이 많이 도와주었어요. 그래서 저도 형빈이를 도와주고 싶어요. 무거운 가방도 들어 주고 싶고, 운동장에서 형빈이의 걸음걸이에 맞춰 뛰어 놀고 싶기도 하고요.

그런데 여러분, 제 고민은 바로 이거예요. 형빈이와 친하게 지내려고 하면 친구들은 저에게도 욕을 하며 놀려 댄답니다. 형빈이를 따돌리는 데 동참하지 않으면 저까지 왕따시키겠다고 협박해요. 처음에는 그러거나 말거나 상관하지 않았는데, 정말로 축구 시합에도 끼워 주지 않고 야구를 할 때도 끼워 주지 않았어요.

그래서 저 역시 아이들 틈에 끼어서 할 수 없이 형빈이에게 욕을 하고 놀리기도 했어요. 어쩔 수가 없었어요.

빨리 와~

앞에 나서서 한 건 아니지만 그래도 마음이 정말 무거웠어요. 우리 삼촌이 이런 일을 당한다고 생각하니까 죄를 짓는 것만 같았어요.

혼자 끙끙 앓다가 저랑 친한 민구한테 제 속마음을 얘기해 보기도 했어요. 그런데 민구도 저와 똑같은 고민을 하고 있더라고요. 자기도 형빈이를 괴롭히고 싶지 않은데 그렇게 하지 않으면 소외당하는 것 같아서 어쩔 수 없다고요. 그래서 몰래 형빈이한테 미안하다고 사과할까 생각했는데 아이들이 알면 자기를 더 괴롭힐까 봐 차마 그렇게 하지 못했대요.

제가 어떻게 하면 좋을까요? 저는 형빈이를 괴롭히고 싶지 않아요. 선생님께 말씀드려야 할까요? 하지만 제가 일렀다는 게 알려지면 저는 더 힘들어질지도 몰라요. 그럼 형빈이 부모님께 말씀드려야 할까요? 그러면 형빈이 부모님이 애들을 나무랄 거고, 반 아이들이 형빈이를 더 싫어하게 될 거예요.

아마 저나 민구처럼 억지로 형빈이를 따돌리는 친구들이 더 있을지 몰라요. 친구들을 한 명씩 만나서 진지하게 이야기를 나누어 보아야 할까요? 형빈이에게 지금이라도 사과하고 싶어요. 내 마음은 진짜 그게 아니었다고요. 형빈이라면 웃으면서 내 마음을 믿어 줄 거예요. 그 친구는 웃는 게 멋진 친구거든요.

비슷한 나이의 구성원들이 모여 있는 모임을 또래 집단이라고 합니다. 특히 여러분처럼 나이가 어린 친구들은 또래 집단의 영향을 많이 받아요. 때로는 가족보다 친구와 더 가깝게 지내기도 하지요. 또래 집단을 통해 친구를 사귀는 방법도 배우고, 서로 지켜야 할 신뢰나 놀이를 할 때의 규칙 등을 배워 나가기도 해요. 그래서 어른들은 "친구를 잘 사귀어야 한다."라는 말씀을 종종 하지요. 어린 나이일수록 친구에게 영향을 많이 받거든요.

'친구 따라 강남 간다.'는 속담을 들어 본 적이 있나요? 자기의 주관이 아닌, 친구의 뜻대로 움직이는 사람을 보고 하는 말이에요. 친구를 신뢰하고 따르는 것은 좋지만 무슨 일이든 자기의 충분한 판단 없이 따라 하는 것은 옳은 방법이 아니에요. 특히 그 일이 나쁜 성향의 것일 땐 더 심각해져요.

여러분은 아직 선택과 결정을 할 때 이리저리 휩쓸릴 수 있답니다. 그 때문에 내가 옳지 않다고 생각하는 일에도 쉽사리 "아니."라고 말하지 못할 때가 있어요. '친구들이 다 그렇게 하니까 나도 그렇게 해야지.'라고 생각하는 것처럼 말이에요. 하지만 이는 참 무서운 생각이에요. 만약 우리 사회에 이런 생각을 가지고 있는 사람이 많아진다고 생각해 보세요.

국민이 백 명밖에 안 되는 작은 나라가 있었어요. 국민 모두 착한 마음을 가진 사람들이라 싸우는 일도 없고 흉악한 범죄도 없었어요. 사람들은 오순도순 즐겁게 살았어요. 그런데 그 나라 근처를 지나가던 배가 풍랑에 휩싸여 난파되었고, 단 두 명만이 목숨을 건졌지요. 착한 나라 사람들은 두 남자에게 머물 집과 먹을 것을 제공해 주었어요. 두 남자는 매일 행복하게 지내는 이 나라 사람들이 신기했어요. 자신들이 살던 나라와는 달랐거든요. 여기선 돈 걱정을 하는 사람도, 늦게까지 일을 하는 사람도 없었어요.

"이 나라 사람들은 돈에 큰 욕심이 없나 봐. 은행을 털어서 밤에 도망가는 건 어때?"

"그거 좋은 생각이군."

두 남자는 마을에 하나뿐인 은행을 털기로 결심했어요. 하지만 은행 금고의 문은 매우 크고 두꺼워서 두 사람의 힘으로는 열 수 없었어요. 두 남자는 마을 사람 다섯 명에게 은밀히 제안을 했답니다.

"돈을 가지고 다른 나라에 가면 지금보다 더 잘살 수 있어!"

다섯 명의 사람들은 두 남자의 제안이 솔깃했어요. 사실 매일 똑같은 일상을 사는 게 조금 지루했거든요. 그들은 두 남자를 도와 금고를 털기로 마음먹었어요. 이들의 계획은 삽시간에 마을로 퍼져나갔답니다. 여기저기서 금고를 털겠다고 결심한 사람들이 나타났어요.

열 명에서 서른 명으로, 다시 여든 명으로 늘어났지요. 사람들은 평화롭던 생활을 다 잊은 듯 온갖 도구를 가지고 은행 앞으로 모였어요.

'나만 바보처럼 가만히 있을 순 없지. 다른 사람들도 다 하니까 나 하나쯤 끼어도 괜찮을 거야.'

모두 이런 생각을 가지고 있었어요. 사람들은 힘을 합쳐 금고를 밀고 당기면서 문을 열기 위해 애를 썼어요. 하지만 문은 열리지 않았어요. 크고 두꺼운 금고는 잠깐 휘청하며 중심을 잃더니 사람들이 있는 곳으로 우당탕 쓰러졌어요. 결국 사람들은 금고 밑에 깔리고 말았습니다.

'모두가 그렇게 하니까 괜찮아.', '나도 따라 해야지.' 하는 생각은 무서운 결과를 초래할 수 있어요. 친구들이 왕따시키니까, 다 같이 놀리고 괴롭히니까 이유 없이 동참하고, '나 하나쯤 그래도 괜찮겠지.'라고 생각하는 것은 무책임한 일이에요.

자기가 옳다고 생각하는 것을 소신 있게 밀어붙일 줄 아는 사람, 그리고 옳지 않은 일에는 당당하게 아니라고 말할 수 있는 사람이 가장 멋진 사람이랍니다.

4 친구는 장난감이 아니에요

여러분은 얼마 전 사회적으로 큰 이슈가 되었던 '빵 셔틀' 사건을 알고 있나요?

쉬는 시간이나 방과 후에 친구 한 명을 지목해 지속적으로 빵 심부름을 시키는 것을 이르는 말이랍니다. 자신들은 편하게 쉬고 힘이 약한 친구에게 귀찮은 일을 대신 시키는 것이지요. 어쩔 수 없이 친구의 빵을 사 와야 하는 그 친구의 마음은 어땠을까요?

"집단 따돌림·빵 셔틀이 구타보다 두렵다"

학교 폭력에 대해 학생들은 집단 따돌림이나 이른바 '빵 셔틀' 등 심부름 강요를 구타나 금품갈취보다 심각하게 느끼는 것으로 나타났다.

경찰청은 지난 달 전국 300여 개 초중고교 학생 9,001명과 학부모 3,000명을 대상으로 '학교 폭력 관련 피해실태와 인식에 대한 조사'를 토대로 7일 이같이 분석했다.

설문 결과, 집단 따돌림을 당한 학생 가운데 학교 폭력을 당했다는 학생은 76.2%, 빵 셔틀 등 심부름 강요는 70.4%에 달했다.

또 구타는 63.5%, 금품갈취가 60.8% 순이었다. 이는 학생들이 집단 따돌림을 가장 두려워한다는 의미라고 경찰은 설명했다.

〈2012년 3월 7일, 노컷뉴스〉

지금부터 만나 볼 현수라는 친구도 '빵 셔틀'의 피해자랍니다. 이 친구의 하루가 어떤지 한 번 들여다볼까요?

오늘도 현수의 옷은 땀으로 흠뻑 젖었어요. 학원에 가야 할 시간이 다 되었지만 천 원짜리 두 장을 손에 꼭 쥔 채 현수는 편의점으로 뛰어갔어요. 조금이라도 늦으면 어제처럼 맞게 될지도 모르거든요.

현수는 편의점에 들어서자마자 햄버거가 놓여 있는 진열대로 헐레

벌떡 뛰어갔어요.

"불고기 버거로 두 개 사와!"

철호는 항상 불고기 맛 햄버거만 먹었어요. 철호가 원하는 햄버거를 사 가지 않으면 주먹이 날아들었어요. 현수는 불안한 마음으로 진열대 앞으로 다가갔어요.

'다행이다.'

불고기 햄버거를 발견한 현수는 숨을 고른 뒤 얼른 계산을 하고 편의점을 나왔어요. 현수는 전속력을 다해 학교 운동장으로 다시 달려갔어요. 철호는 친구들과 앉아서 휴대 전화로 게임을 하고 있었어요.

"헉헉, 철호야, 여기."

숨을 고르며 현수가 말했어요. 현수의 이마에서 땀이 줄줄 흘러내렸어요.

"왜 이렇게 늦었어?"

철호가 빵을 거칠게 빼앗으며 현수에게 소리를 질렀어요. 현수는 자기도 모르게 어깨를 움츠렸어요.

"나는 애 머리 때리는 게 제일 재밌더라."

철호가 현수의 머리를 툭툭 치며 말했어요. 철호 옆에 있던 다른 친구들도 하나둘 다가와 철호처럼 현수의

머리를 한 대씩 때리기 시작했어요.

"뭐 시킬 거 있으면 현수한테 시켜. 내 말 잘 들으니까."

철호는 얼마 전부터 툭 하면 현수에게 심부름을 시켰어요. 처음엔 공부 잘하는 현수에게 숙제를 보여 달라고 하더니 나중엔 아예 숙제를 대신 하도록 시키기 시작했어요. 현수가 반항을 하지 않자 심부름의 강도는 점점 심해졌어요. 방과 후엔 빵 심부름을 시켰고, 현수의 휴대 전화를 빼앗아 자기 것처럼 쓰기도 했어요.

철호가 현수를 그렇게 대하자 다른 친구들도 현수를 함부로 대하기 시작했어요. 현수는 하루에 빵 심부름만 다섯 번을 한 적도 있었어요.

현수는 학원 선생님께서 오늘도 지각하면 부모님께 전화를 하겠다고 했던 말이 떠올랐어요. 현수는 어렵사리 입을 열었어요.

"저기, 철호야. 나 이제 학원에 가야 해."

"학원 끝나고 다시 학교 운동장으로 와."

"응? 왜?"

"우리 여기서 계속 놀고 있을 거야. 올 때 컵라면 네 개 사 가지고

와. 늦으면 알지?"

철호가 주먹을 쥐어 보였어요. 현수는 힘없이 걸어 운동장을 빠져나왔어요. 학원 끝나고 집에 바로 오지 않았다고 엄마한테 혼날 생각을 하니 벌써부터 마음이 무거워졌어요.

철호는 현수를 괴롭히는 게 즐거웠어요. 말도 잘 듣고 하라는 대로 잘하니까 이것저것 마구 시키고 싶어졌어요. 머리를 툭툭 치는 것도, 배를 몇 대 때리는 것도 재미있었어요. 아무 말도 못하고 우물쭈물하는 현수의 표정을 보면 내가 힘이 굉장히 세지는 것 같아 우쭐해지기도 했어요.

'내일은 또 어떤 심부름을 시킬까?'

철호는 휴대 전화 게임을 하며 생각했어요. 게임 속 동물들이 철호가 쏜 화살에 하나둘 죽어 갔어요. 멀리 현수의 뒷모습이 보였어요.

현수는 언제까지 철호의 심부름을 해야 하는 걸까요? 철호는 혹시 게임 속 동물처럼 현수를 대하고 있는 건 아닐까요?

여러분은 게임을 자주 하나요? 요즘은 컴퓨터 게임이나 휴대 전화

게임을 손쉽게 접할 수 있어요. 게임은 스트레스를 풀어 주기도 하고 심심할 때 즐거움을 주기 때문에 아이들도 어른들도 좋아하지요. 하지만 현실에서도 게임을 하는 것처럼 친구를 대하는 학생들이 간혹 있어요. 게임 속 캐릭터를 조종하듯

이 자기 마음대로 친구를 이용하는 거예요. 앞서 살펴본 '빵 셔틀'의 경우도 이런 부류에 속하지요. 심부름을 시키거나 숙제를 시키는 것은 친구를 하찮게 대하고 무시하는 행동이에요. 같은 또래 친구에게 매번 끌려다녀야 하는 친구의 마음을 생각해 보세요. 심부름을 시키는 사람은 편하겠지만 당하는 입장에선 자존심도 상하고 무척 불쾌하답니다.

친구는 장난감이 아니에요. 장난감이나 게임 속 캐릭터에게는 인격이라는 것이 없어요. 그들은 단순히 놀이를 위해 만들어졌을 뿐이에요. 하지만 친구는 그렇지 않아요. 인격은 인간이라면 누구나 갖고 태어나는 거예요. 그렇기 때문에 어느 누구도 인간의 존엄성을 침해할 수 없답니다. 모든 인간은 존중받아야 할 권리를 가지고 있어요.

친구를 따돌리거나 괴롭히는 학생들의 이야기를 들어 보면 '그냥', 혹은 '재미있어서'라고 말하는 경우가 있어요. 이것은 친구를 인격체로 대하지 않는다는 뜻이에요. 여러분이 자주 하는 게임 속 캐릭터처럼 친구를 괴롭히는 것은 옳지 못해요.

'무심코 던진 돌에 개구리가 맞아 죽는다.'라는 속담이 있어요. 우리가 심심풀이로 한 행동이 자칫 생명을 앗아갈 만큼 큰 문제가 될 수도 있다는 뜻이죠.

친구 관계도 이와 다르지 않습니다. 여러분이 재미로 한 행동이 그 친구에겐 죽을 만큼 힘든 일이 될 수 있거든요. 화살을 피하기 위해 도망 다니는 게임 속 캐릭터처럼 말이에요.

내가 해야 할 일, 그리고 내가 해도 되는 일을 왜 굳이 친구에게 떠맡기나요? 친구가 심부름을 해 주면 내가 힘이 세진 것처럼 우쭐해지나요? 그것은 힘이 센 것이 아니라 매우 비겁한 행동이에요. 약한 사람을 괴롭히는 사람들은 정작 자신보다 강한 사람 앞에선 아무 힘을 발휘하지 못해요. 자기보다 나약한 친구만 골라서 그 앞에서 힘자랑을 하는 거지요. 얼마나 치사한 행동인가요?

사람은 모두 똑같은 인격을 가지고 있습니다. 슬픔과 괴로움, 고통을 모두 경험할 수 있어요. 그러니까 지금 내 옆의 친구를 괴롭히고 있다면 더 이상 친구를 게임하듯 다루지 마세요. 게임은 언제든 다시 할 수 있지만 친구는 한 번 잃으면 평생 얻기 힘들답니다.

5 왕따는 나쁜 문화예요

왕따 현상은 언제부터 생겨난 것일까요?

사실 최초의 왕따는 지금과는 다른 모습으로 나타났답니다. 친구 관계에서 일어난 것이 아니라 정치적 상황에서 발생했거든요.

고대 그리스는 여러 도시 국가로 이루어져 있었어요. 이런 도시 국가를 폴리스라고 부르는데 그중 아테네는 민주 정치가 발달한 폴리스였답니다. 하지만 이때의 민주 정치는 지금의 정치와 조금 다른 점이 있었어요. 지금은 태어나기만 하면 그 나라의 시민이 되지만, 고대 아테네에서는 성인 남자만 시민이 될 수 있었거든요. 시민이 된다는 건 정치에 참여할 수 있다는 뜻이었어요. 여자와 노예, 외국인은 시민이 아니었기 때문에 정치에 참여할 수 없었지요.

고대 아테네에는 독특한 방식의 정치 제도가 있었어요. 그것은 오스트라시즘이라는 제도에요. 이 제도는 시민이 된 성인 남자들이 아고라(광장)에 모여 독재를 할 가능성이 있는 위험인물을 투표로 결정하는 것이었어요. 도자기 파편에 이름을 적어 투표했기 때문에 우리말로는 도편추방제라고 부르지요. 6,000표를 넘게 받으면 그 사람은 10년간 국외로 추방이 되었어요. 정치 제도 중 하나였지만 다수에게 신뢰받지 못한 사람이 투표로 추방되는 형태이니 사회적 왕따의 시초로 볼 수 있답니다.

이런 사회적 왕따는 일본에서도 찾아볼 수 있어요. 이웃 나라 일본은 예로부터 지진이나 화산 폭발, 태풍 등의 천재지변과 화재, 전염병이 많이 일어났어요. 이러한 재앙을 면하기 위해 일본에는 신에게 행운을 비는 지금의 마츠리(祭り: 축제나 제사)와 같이 여러 사람이 함께하는 행사가 많았답니다.

또한 농경 생활을 위해서는 마을 사람들이 공동으로 힘을 합쳐 일을 해야 했어요. 마을 사람들이 다 함께 모여서 축제를 열고 농사를 짓기 위해 공동으로 힘을 합치는 것은 자연스러운 일이었지요. 이런 이유로 일본인들은 옛날부터 집단적인 생활 방식에 익숙했어요. 혼자서는 해결하지 못하는 일들이 많았기 때문에 공동체 의식이 자리 잡게 된 거예요.

공동체 생활을 하기 위해서는 무엇보다도 엄격한 규칙이 필요했답니다. 규칙이 없다면 자연재해가 닥쳤을 때 복구 작업을 하거나 농사를 짓는 등 협력이 필요한 일들을 제대로 해낼 수가 없거든요. '나 하나 빠져도 모르겠지.'라고 생각하는 나태한 사람이 생길 수도 있으니까요.

간혹 규칙을 어긴 사람이 등장할 경우 마을 사람들은 가혹한 형벌을 내렸어요. 규칙을 유지하기 위해 어쩔 수 없이 필요한 과정이라고 판단했던 거예요. 이 때문에 일본에서는 '무라하치부(村八分)'라는 풍습이 생겨났답니다.

무라하치부란 마을의 공동 작업에 참여하지 않았거나 도둑질 등의 범죄를 저지른 자에게 마을 사람들이 벌을 주는 풍습이에요. 무라하

치부를 당하는 사람은 마을의 공동 행사에서 소외를 당하거나 괴롭힘을 당했어요. 화재나 농사일, 장례식 등 협력이 필요한 일에는 어떠한 도움도 받지 못하고 철저하게 고립된 생활을 해야 했지요.

이러한 역사적 상황은 현재 일본에서 일어나고 있는 집단 따돌림과도 무관하지 않답니다. 물론 이런 풍습 때문에 왕따가 생겨났다는 것은 아니에요. 다만 일본 내에서 이런 성향의 문화가 옛날부터 존재해 왔다는 것이지요.

여러분은 '왕따'라는 단어를 사전에서 찾아본 적이 있나요? 왕따의 사전적 의미는 '집단 따돌림을 이르는 속된 말'이에요. 왕따는 1990년대에 청소년들 사이에서 유행하기 시작해 지금은 모든 사람이 사용하는 단어가 되었어요.

하지만 왕따라는 말이 처음부터 집단 따돌림을 뜻하는 말은 아니었어요. 당시 청소년들 사이에선 이야기를 할 때 강조의 의미로 '왕(King)'이라는 접두사를 붙이는 게 유행이었어요. 예를 들면 "진짜 웃기지 않냐?"라고 말할 때 뜻을 강조하기 위해 "왕 웃겨."라고 이야기하는 것이지요. 하지만 이런 어투를 잘 받아들이지 못하고 이해하지 못하는 친구들이 있었는데 그들을 놀릴 때 '왕따'라는 말을 처음 사용했다고 합니다. 그러니까 왕따는 따돌림의 뜻이 아닌, 말귀를 잘 알아듣지 못하는 친구들을 놀리는 말로 사용되었던 거예요.

하지만 그 사용 범위가 점점 넓어지면서 다른 방향으로 의미가 바뀌게 되었고, 지금은 집단에서 괴롭힘을 당하거나 따돌림을 당하는 사람을 지칭하는 말로 쓰이게 되었답니다. 그렇다면 이러한 '집단 따돌림'은 왜 생겨났을까요?

이것은 사회의 구조적 변화에서 찾아볼 수 있답니다. 농경 사회에서 산업 사회로 변하면서 사람들의 의식도 바뀌게 되었지요. 농경 사회에서는 협동이 무엇보다 중요했기 때문에 따돌림이라는 것을 생각도 못 했어요. 일손이 부족하면 농사짓기가 어려웠거든요. 하지만 산업 사회가 되면서 사람들은 공장에 가서 일을 하기 시작했어요. 나만 열심히 일하면 돈을 벌 수 있었기 때문에 주위 사람들과의 협동은 그리 중요하지 않았지요. 이것이 '우리'보다는 '나'가 우선시 되는 개인주의 현상을 낳게 되었답니다.

우리나라에서 집단 따돌림이 큰 문제가 되기 시작한 것은 1990년

대부터예요. 우리나라가 사회적으로 개방되면서 다른 나라의 문화가 많이 유입되었지요. 특히 우리와 가까운 나라인 일본에게 문화적으로 영향을 받기 시작한 것도 이 무렵이에요. 일본 음악, 일본 만화, 일본 영화 등 그동안 쉽게 접할 수 없었던 일본 문화가 들어오면서 한국 청소년들에게도 많은 영향을 미치게 되었어요. 집단 따돌림도 일본 청소년들 사이에서 유행했던 '이지메(いじめ)'에서 비롯되었다고 볼 수 있어요.

이지메는 일본어로 '괴롭히다', '들볶다'라는 뜻이에요. 다수가 약자인 한 사람을 집중적으로 괴롭히고 소외시키는 행동을 뜻하지요. 문제는 괴롭히는 데 명백한 이유가 없다는 거예요. 단지 재미로, 모든 친구들이 하니까 같이 괴롭히는 거지요. 이지메를 당한 학생은 등교를 거부하거나 심하면 자살을 하기도 했어요. 사회적으로 큰 문제가 되자 광고에서도 유명 연예인들이 나와 이지메에 대한 문제점을 지적하고, 학교에서도 지속적으로 이지메에 대한 특별 교육을 실시했어요.

우리나라에서도 1990년대 중반부터 이지메 현상이 사회적으로 문제가 되기 시작했어요. 친구들끼리 모여 다니는 '패거리 문화'는 예전부터 있어 왔지만 집단이 똘똘 뭉쳐서 약한 친구를 괴롭히는 '이지메'는 우리나라에선 찾아볼 수 없는 현상이었거든요.

좋은 문화도 많은데 굳이 이런 나쁜 현상을 받아들일 필요가 있을까요? 왕따 문제는 이제 일본만의 독특한 청소년 문화가 아니에요. 오히려 우리나라에서는 더욱 심해지고 있답니다. 문제를 넘어서 범죄가 되고 있으니까요.

하지만 아직 늦지 않았어요. 왕따 문제가 더 뿌리를 깊이 내리기 전에 얼른 잘라 내면 되거든요. 한 명이 한다고 해결되지 않아요. 우리 모두의 노력이 있어야 해요. 지금이라도 관심을 갖고 주위를 둘러보세요. 관심, 그것이 왕따를 해결하는 첫걸음이니까요.

6 뿌린 대로 거두어요

유대인 율법학자의 구전과 해설을 모아 둔 책 《탈무드》에는 다음과 같은 이야기가 나와요.

어느 랍비가 길을 걸어가다가 이상한 광경을 목격하게 되었어요. 한 사내가 자기 집 안의 돌을 창밖으로 내던지고 있었거든요. 랍비는 그 모습이 이상해서 가던 길을 멈추고 사내가 있는 쪽으로 발길을 돌렸습니다.

"이보시오. 왜 그런 짓을 하시오?"

하지만 랍비의 물음에도 사내는 대답이 없었습니다. 랍비는 고개를 갸우뚱하며 다시 길을 떠났어요.

그 후 20년이라는 시간이 흘렀습니다. 사내는 자기가 살던 집을 다른 사람에게 팔고 다른 집으로 이사하게 되었어요. 기분 좋게 집에서 나서려는 순간이었어요.

"어이쿠!"

사내는 무언가에 걸려 넘어지고 말았습니다. 넘어진 자리엔 20년 전에 자기가 창밖으로 내던졌던 돌이 놓여 있었어요. 돌부리에 사내의 발이 걸렸던 것이죠. 사내는 넘어진 채로 땅에 박힌 돌만 멍하니 바라보았답니다.

20년 전에 무심코 한 행동이 결국 자신에게 돌아온다는 이 이야기는 지금도 우리에게 큰 의미를 주고 있어요. 아무리 오래전에 했던 작은 일이라도 언젠가 자신이 똑같이 겪게 된다는 교훈을 주지요.

여러분도 지금 저 사내처럼 창밖으로 돌을 던지고 있지는 않나요? 먼 훗날 내 발을 걸어 나를 넘어뜨리게 할지 모르는 저 돌을 내가 만들고 있지는 않나요?

시작이 있으면 끝도 있는 법이랍니다. 내가 한 행동이 어떤 결론을 맺게 될지는 여러분의 마음에 달려 있어요.

여러분은 우리나라의 전래동화를 많이 읽어 보았나요? 《콩쥐팥쥐》나 《흥부와 놀부》는 많이 들어 보았을 거예요. 착하게 산 흥부는 제비 다리를 고쳐 준 덕에 부자가 되지만 욕심쟁이 놀부는 제비 다리를 일부러 부러뜨리고 결국은 벌을 받게 되지요.

서양의 《신데렐라》나 《백설 공주》는 어떤가요? 《헨젤과 그레텔》과 같은 이야기도 익히 들어서 알고 있지요? 착한 일을 한 주인공들은 하나같이 행복한 삶을 살지만 그들을 괴롭힌 악한 인물은 마지막에 꼭 벌을 받게 되잖아요.

동양과 서양을 구분하지 않고 옛날부터 전해 내려오는 이야기들은 하나의 공통점을 가지고 있어요. 바로 교훈이에요. 단순하고 짧은 이야기일지라도 그 안에는 우리가 살아가는 데 꼭 필요한 여러 가지 지혜가 담겨 있답니다. 그중에서도 가장 자주 등장하는 교훈이 '인과응보'지요.

인과응보는 '뿌린 대로 거둔다.'라는 뜻입니다. '콩 심은 데 콩 나고 팥 심은 데 팥 난다.'라는 속담과도 같은 뜻이지요. 착한 일을 하면 복을 받고, 나쁜 일을 하면 벌을 받는다는 의미를 담고 있어요. 이것은 세월이 지나도 변하지 않는 이치이기도 해요. 그렇기 때문에 사람들은 되도록이면 나쁜 일보다는 좋은 일을 더 많이 하려고 하고, 착하게 살려고 노력하지요.

지금 여러분의 행동을 잠시 되돌아보세요. 좋은 일을 많이 했나요?

아니면 친구를 괴롭히거나 따돌리는 잘못을 저지르고 있나요?

사람은 자기가 한 만큼 돌려받게 되어 있어요. 내가 지금 이유 없이 하는 일들이 나중에 어떤 식으로든 나타나게 되지요. 좋은 일을 했다면 좋은 결과가 나올 거예요. 하지만 남에게 상처를 준 일이 있다면 언젠가는 나도 상처를 받게 될지도 몰라요. 그때 가서 후회해 봤자 아무 소용이 없어요. 지나간 시간을 되돌리는 것은 불가능하거든요.

지금 나 때문에 힘들어하는 친구가 없는지 한 번 생각해 보세요. 혹시라도 내 말 한마디, 무심코 한 행동 하나가 그 친구를 힘들게 하지는 않았는지, 아이들 틈에 끼어서 같이 괴롭히고 상처를 주지는 않았는지 말이에요.

행복한 미래를 위해서라도 지금 현재를 바른 마음으로 살아가는 게 무엇보다도 중요합니다. 친구를 괴롭히며 현재의 즐거움을 얻기보다, 친구를 이해하며 친하게 지내는 것이 여러분의 미래를 아름답게 만들어 줄 테니까요.

왕따 문제, 이렇게 고쳐요

1 친구가 그냥 싫어요

"친구라고 해서 불쾌한 말을 해도 된다고 생각하지 마라. 누군가와 가까운 관계가 될수록 현명하고 예의 바르게 행동하는 것이 중요하다."

미국의 법학자이자 변호사인 '올리버 웬델 홈스'가 한 말입니다.

우리는 간혹 착각을 할 때가 있어요. 나와 친하니까 내 마음을 다 이해할 거라는 믿음 때문에 친구를 함부로 대하곤 하거든요. 하지만 매우 가깝기 때문에 사소한 일로도 상처를 받을 수 있는 관계가 바로 친구 사이랍니다. 가족을 떠올려 보면 이해하기 쉬울 거예요. 가까워서 편하게 느껴지지만 작은 다툼이라도 생기면 깊은 상처를 받게 되잖아요.

지금부터 만나 볼 지민이와 하은이의 경우도 마찬가지랍니다. 이 둘에게 어떤 일들이 있었는지 살펴볼까요?

선생님은 한 시간째 아무 말도 하지 않았습니다. 지민이는 선생님의 눈치만 슬그머니 보고 있었어요. 교무실엔 선생님과 지민이 단둘뿐이었어요. 선생님의 책상 위에는 지민이의 노트가 놓여 있었습니다. 친한 친구들과 돌아가며 쓰는 일기였지요. 지민이와 친구들은 그곳에 서로의 고민이나 학교생활과 관련된 이야기를 자유롭게 적곤 했어요.

"아직도 네 잘못이 뭔지 모르겠니?"

마침내 입을 연 선생님이 낮은 목소리로 말했습니다. 선생님의 말에 지민이는 고개를 푹 숙인 채 눈물을 뚝뚝 흘리기 시작했어요. 지민이는 실수로 학교 일기장 대신에 친구들과 쓰는 일기장을 선생님

께 제출하고 만 거예요. 그곳엔 같은 반 친구인 하은이와 있었던 일들이 적혀 있었어요.

"잘못했어요, 선생님."

지민이는 조그만 목소리로 말했습니다. 하은이는 지민이와 친구들에게 따돌림을 당하고 있었어요. 친구들은 하은이만 보면 키득거리며 웃거나 다 들리도록 흉을 보았어요. 하지만 하은이는 아무 말도 하지 않았어요. 하은이가 아무 반응도 보이지 않자 친구들은 하은이가 별로 기분 나빠 하지 않는 것 같다고 생각했어요. 그럴수록 따돌림은 더욱 심해졌지요.

"나는 쟤가 그냥 싫어."

하은이는 이유 없이 자신을 미워하는 친구들이 이해되지 않았어요. 같은 동네에 사는 지민이와는 한때 친하게 지낸 적도 있었어요. 하지만 어느 순간부터 하은이는 혼자가 되었답니다. 아이들이 하는 말은 그저, "그냥 싫다."는 것뿐이었어요.

선생님은 지민이의 일기를 읽으면서 지민이와 친구들이 하은이를 따돌리고 있다는 것을 알게 되었습니다. 그곳엔 입에 담을 수 없는 험담이 적혀 있었어요. 선생님은 그냥 넘어갈 일이 아니라고 생각했어요.

"이유 없이 사람을 미워하는 것처럼 어리석은 마음도 없단다."

선생님이 지민이의 머리를 쓰다듬으며 말했어요. 지민이는 울음을 터트렸어요. 사실 자신도 왜 하은이를 괴롭히는지 잘 알지 못했어요. 그냥 하은이가 싫었어요. 교실에서 눈에 띄면 괜히 놀리고 싶었어요. 혼자 멀뚱히 앉아 시무룩한 표정을 하고 있는 하은이를 보는 게 재미있었어요.

"네가 친구들과 하은이를 따돌리는 동안 하은이는 어떤 마음이었을 것 같니?"

선생님은 지민이에게 하은이의 일기장을 내밀었어요. 학교에 오기 싫다는 내용이 대부분이었어요. 하지만 지민이의 이름은 적혀 있지 않았어요. 많이 힘들었을 텐데도 하은이는 친구들의 행동을 선생님께 이르지 않았던 거예요. 하은이는 지민이와 예전처럼 다시 친구가 될 수 있을 거라고 생각했거든요.

지민이는 선생님의 말씀에 하은이가 겪었을 고통을 생각해 보았어요. 자기 같았으면 몇 번이고 선생님과 부모님께 일러바쳤을 거예요. 하지만 하은이는 혼자 아픔을 감당했어요.

"앞으로는 안 그럴게요. 하은이랑 잘 지낼게요."

지민이가 눈물을 닦으면 선생님께 말했어요. 앞으로는 두 친구의 일기장에 즐거운 학교생활 이야기가 가득 쓰이겠지요?

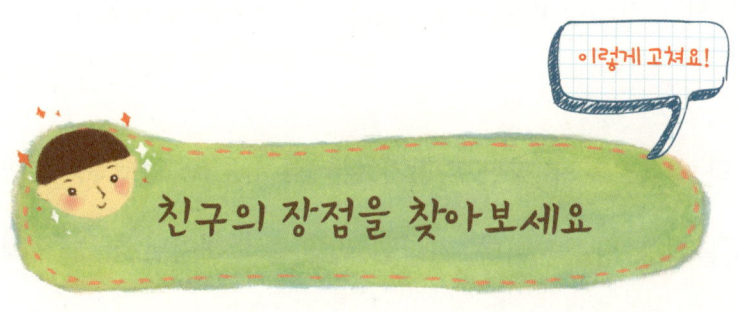

여러분은 완벽한 인간이 존재한다고 생각하나요? 인간은 불완전한 존재랍니다. 완벽한 사람은 없어요. 무엇이든 한 가지씩 부족한 점을 가지고 있기 마련이에요.

여러분은 무엇인가 부족하다는 이유로 친구를 무시하거나 괴롭히고 있지는 않나요? 공부를 못한다거나 외모가 못생겼다는 이유로 싫어하는 건 아닌가요?

그렇다면 나를 잠깐 돌아보세요. 나는 과연 어떤 사람인지 말이에요. 나에게 부족한 점은 없을까요? 다른 건 모두 잘하는데 운동을 못한다는 이유로 친구들이 나를 싫어한다면 어떤 기분이 들까요?

부족한 부분까지도 감싸 줄 수 있는 것이 진정한 친구입니다. 약점을 잡아 괴롭히는 것처럼 비겁한 일도 없어요. 사람은 완벽한 존재가 아니니까요.

만유인력의 법칙으로 유명한 과학자 아이작 뉴턴도 어렸을 때 친구들에게 따돌림을 당했습니다. 가난한 집안에서 태어난 뉴턴은 할머니의 손에서 자랐는데, 부모님의 사랑을 충분히 받지 못한 탓인지 내성적이고 조용한 성격의 아이였지요. 뉴턴은 친구들과 잘 어울리지 못했고, 친구들은 이런 뉴턴을 따돌리며 놀려 댔어요.

뉴턴은 그럴수록 혼자만의 시간을 가졌어요. 공작을 좋아해 기계나 공구를 가지고 이것저것 만들어 내곤 했지요. 친구들과 어울리지는 못해도 성적은 언제나 월등했답니다.

"어이, 뉴턴! 넌 할 줄 아는 게 공부밖에 없지? 말도 제대로 못 하는 멍청이!"

친구들은 뉴턴의 재능을 시기하면서도 내성적인 성격을 조롱했어요. 뉴턴이 갖고 있는 장점보다는 단점을 찾아내 놀려 댔던 거지요.

하지만 뉴턴은 아랑곳하지 않았어요. 책도 많이 읽고 훌륭한 공작품을 계속 만들어 냈답니다. 외롭고 고독한 시간을 지혜롭게 견뎠기에 훗날 인류 역사상 큰 업적을 남길 수 있었던 거지요.

왜 우리는 다른 사람의 좋은 점을 보려고 하지 않는 걸까요? 친구의 단점이 그 친구의 전부는 아니에요. 친구가 이유 없이 싫다는 사람이 있다면 그 친구의 장점을 찾아보세요. 분명 나에게는 없는 무엇인가를 가지고 있을 거예요.

장점은 칭찬해 주고 단점은 보완해 주는 것이 친구의 역할이에요. 나와 다르다고, 친구의 단점이 싫다고 해서 따돌린다면 언젠간 여러분 주변에 남아 있는 친구가 모두 사라질지도 모릅니다. 이런 내 모습을 싫어하는 친구도 분명 있을 테니까요.

인디언 말로 친구란 '내 슬픔을 자기 등에 지고 가는 사람'이라는 뜻이래요. 나와 잘 맞고 재미있게 놀아 주는 친구만 좋은 친구가 아니랍니다. 내 아픔과 상처, 단점까지도 등에 지고 갈 수 있는 그런 친구가 진짜 소중한 친구입니다. 여러분은 어떤 친구인지, 그리고 지금 내 곁에 있는 이들은 어떤 친구인지 다시 한 번 생각해 보세요.

2 저 친구는 나와 달라요

"민혁이는 게임 못하잖아."

혁수가 시큰둥하게 말했습니다. 동민이와 기준이는 혁수의 말에 고개를 끄덕였어요.

혁수는 오늘 방과 후에 친구들과 게임방에 가기로 약속했어요. 늘 네 명이 붙어 다녔지만 혁수와 동민이, 기준이는 요즘 부쩍 민혁이를 소외시켰어요. 민혁이는 친구들이 좋아하는 게임이나 운동을 잘하지 못했거든요.

"민혁이랑 놀면 재미 없어. 우리랑 잘 맞지도 않는다고."

혁수가 불평하자 동민이와 기준이도 맞장구를 쳤어요.

"걔는 몸도 약해서 축구할 때도 금방 지치잖아."

"게다가 잘 삐지기도 하고."

혁수는 성격이 자기와 잘 맞지 않는 민혁이에게 짜증이 났어요. 이런 마음도 모르는 민혁이는 언제나 혁수와 함께하려고 했어요. 민혁이는 욕도 잘 하지 않고 학원도 빠지지 않는 모범생이었어요. 하지만 혁수는 친구들과 놀고 싶을 때면 가끔 학원도 빠지고 화가 날 땐 심한 욕도 하는 편이었어요. 동민이와 기준이도 이런 면이 혁수와 잘 맞았어요. 셋은 의기투합해서 다른 반 아이들과 축구 시합도 하고 게임도 하며 놀았어요. 하지만 민혁이는 학원 시간 때문에 시합에 빠지거나, 게임을 잘 하지 못해 늘 혁수 옆에 앉아 구경만 했어요.

"오늘은 민혁이한테 비밀로 하고 우리끼리 놀자."

혁수가 목소리를 줄이고 조용히 말했어요. 창가 쪽 자리에 앉아 책을 보고 있는 민혁이의 뒷모습이 보였어요. 조금 미안하긴 했지만 억지로 데리고 다니고 싶지 않았어요. 민혁이는 오늘도 학원에 가야 해서 어차피 조금밖에 놀지 못할 테니까요.

"근데 민혁이가 눈치채면 어떡하지?"

"그냥 오늘은 집에 간다고 하고 흩어졌다가 이따 게임방에서 따로 만나면 되지."

동민이의 걱정스러운 말에 기준이가 대답했어요. 기준이도 민혁이가 답답해지려던 참이었거든요. 활발한 기준이에 비해 민혁이는 소심하고 말도 별로 없었어요. 혁수랑 동민이 때문에 같이 놀긴 했지만 이참에 민혁이를 떼어 놓아야겠다고 생각했어요.

그때 민혁이가 자리에서 일어나 친구들이 있는 곳으로 걸어왔어요.

"애들아, 이따가 우리 집에 안 갈래? 엄마가 피자 시켜 주신대."

민혁이가 웃으며 물었어요. 민혁이 엄마는 가끔 민혁이 친구들을 불러 맛있는 음식을 만들어 주곤 했어요.

"나는 오늘 안 될 것 같아."

"나도 오늘 다른 약속 있어."

"난 엄마가 바로 집으로 오랬어."

세 친구 모두 거짓말로 둘러댔어요.

"그, 그래? 그럼 다음에 먹지 뭐."

민혁이는 내심 서운했지만 이내 밝게 웃으며 말했어요. 세 친구의 표정도 그리 밝지는 않았어요. 민혁이 어머니는 언제나 세 친구를 예뻐해 주었거든요. 민혁이네 집에서 놀다가 돌아갈 때면 민혁이랑 친하게 지내라는 말도, 다음에 또 놀러 오라는 말도 잊지 않았지요.

'민혁이가 조금만 우리와 맞으면 참 좋을 텐데.'

셋은 속으로 똑같은 생각을 하며 각자의 자리로 돌아갔습니다.

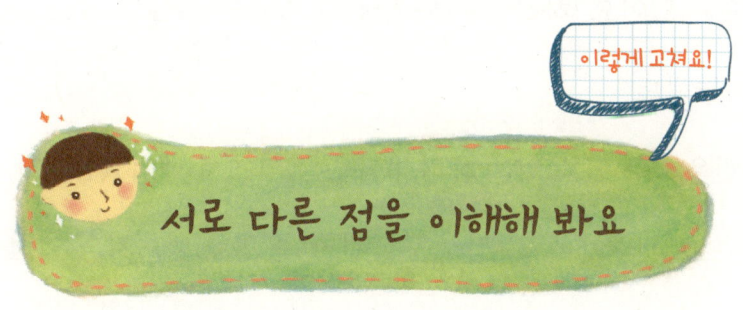

서로 다른 점을 이해해 봐요

혁수의 고민에 고개를 끄덕이는 친구들이 있을 거예요. 같이 놀던 친구가 부담스러워지거나 갑자기 싫어지는 경우가 있거든요. 내가

하자는 대로 했으면 좋겠는데 친구가 따라 주지 않을 경우, 나와 은근히 성격이 맞지 않는 경우, 같이 놀아도 재미가 없는 경우 등 여러 이유가 있지요.

우리는 앞서서 '다르다'와 '틀리다'의 차이를 배웠습니다. 다름을 인정하는 것은 쉽지 않은 일이에요. 이것 때문에 차별이 생기죠.

친구와 나는 성격이 다를 수밖에 없어요. 쌍둥이로 태어난 형제라도 자라면서 서로 다른 성격을 갖게 되지요. 하물며 서로 다른 환경에서 자란 사람들이 같은 성격을 지닐 수 있을까요? 물론 비슷한 성격이 있을 수는 있어요. 하지만 나와 완전히 똑같은 사람을 찾는 일은 거의 불가능해요.

아인슈타인은 1879년 독일 울름의 유대인 집안에서 태어났습니다. 상대성 이론으로 과학계에 큰 업적을 남긴 이 유명한 과학자의 어린 시절은 그리 평탄하지 않았어요.

아인슈타인은 다른 아이들에 비해 말이나 행동이 느린 편이었습니다. 어눌한 말투가 놀림감이 되기도 했지요.

"어이, 미련한 곰 아저씨! 말 좀 해 봐!"

특히 아인슈타인에게 학교는 끔찍한 곳이었어요. 학교 수업이 그에겐 맞지 않았거든요. 아인슈타인은 혼자 생각하는 걸 좋아했어요. 성격도 내성적이었기 때문에 친구들과 어울리지 못했어요. 항상 혼자 골똘히 생각에 잠겨 있는 아인슈타인을 친구들은 좋아하지 않았답니다.

"쟤는 맨날 책만 읽어. 운동도 못하고!"

"이번에 지리 시험 빵점 받았대."

"말도 제대로 못하는 멍청이 같아."

아인슈타인은 유독 외워서 하는 공부에 취약했어요. 시험을 볼 때마다 번번이 낙제했답니다. 하지만 그의 머릿속은 창의적인 생각들로 가득 차 있었어요. 친구들과 어울리지는 못했지만 많은 책을 읽으며 끊임없이 생각을 했던 거예요. 친구들이 보기엔 조용하고 멍청한 아이였지만 그는 자기 나름대로 공부를 했던 것이죠.

이뿐만이 아니에요. 아인슈타인은 유대인이라는 이유로 독일 친구들과 쉽게 어울리지 못했답니다. 그 당시 독일에서는 유대인에 대한 차별이 일어나고 있었어요. 저능아라고, 유대인이라고 놀림받았던 유

년의 상처가 아인슈타인을 계속 따라다녔지요.

하지만 아인슈타인은 자신이 가장 좋아하고 잘할 수 있는 분야를 찾아 끊임없이 노력했고, 그 결과 지금은 가장 존경받는 과학자 중 한 사람이 되었답니다.

친구들에게 아인슈타인은 이상한 아이였을 거예요. 자신들과는 정말 다른 성향을 지녔으니까요. 하지만 아인슈타인에겐 그만의 독특한 성격과 가치관이 있었어요. 친구들은 그것을 이해하지 못했던 것이죠. 만약 자신들과 똑같은 것만을 강요했다면 우리는 지금의 과학 천재 아인슈타인을 만나지 못했을 거예요.

친구는 나와 같은 사람이 아니에요. 나와 다를지라도 친구가 될 수 있다는 넓은 마음을 가져야 합니다. 조금씩, 조금씩 마음을 열어 보세요. 그럼 언젠간 모든 친구를 포용할 수 있는 마음의 문이 활짝 열릴 거예요.

3 모든 인격은 고귀하고 소중해요

부르노라는 아이가 있었습니다.

부르노의 아버지는 독일 장교였어요. 아버지의 발령지를 따라 부르노 가족은 이사를 가게 되었답니다. 근사한 집에서 살게 되었다고 엄마와 누나는 기뻐했지만 부르노는 그렇지 않았어요. 정든 친구들과 이별해야 했거든요.

이사한 곳은 한적한 시골 마을이었어요. 전쟁 중이라 부르노의 아버지는 항상 바빴습니다. 하루에도 몇 번씩 집으로 아버지의 부하 군인들이 찾아왔어요.

"꼬마야, 이번 전쟁은 우리 독일군이 승리할 거란다."

그들은 부르노를 볼 때마다 이렇게 이야기했습니다. 하지만 부르노는 도대체 왜 전쟁을 하는지 이해할 수 없었어요. 단지 이 갑갑하고 따분한 시골 마을에서 언제까지 살아야 하는지가 궁금할 뿐이었어요. 친구들과 축구를 하며 놀고 싶었지만, 또래 친구들은 한 명도 보이지 않았어요. 주위에 보이는 사람은 온통 군인이었어요.

"부르노, 뒷마당 뜰 밖으로는 절대 나가면 안 된다."

부르노가 뒷마당에서 그네를 타고 놀 때마다 엄마는 부르노에게 이렇게 당부했어요. 엄마를 슬프게 하고 싶지 않았지만 부르노는 호기심이 발동했어요. 그래서 엄마 몰래 뒷마당에 있는 작은 문을 조용히 열고 뜰을 나왔습니다.

부르노는 나무가 우거진 울창한 숲을 천천히 걸어갔어요. 새들의 지저귐을 들으며 몇 분을 걷자 굴뚝이 달린 큰 건물 수십 채가 나타났어요. 부르노의 눈이 휘둥그레졌어요. 회색빛 건물에 달린 굴뚝에서는 검은 연기가 피어오르고 있었어요.

부르노는 공장처럼 생긴 건물들을 더 가까이에서 보고 싶었지만 들어갈 수 없었어요. 건물 주변이 온통 높은 철조망으로 둘러싸여 있었거든요.

그때 철조망 건너편에 한 아이가 힘없이 앉아 있는 게 보였어요. 부르노와 비슷한 또래의 남자아이였어요. 부르노는 그 아이를 발견하고 반가운 마음에 인사를 건넸어요.

"안녕? 난 부르노야."

아이는 부르노의 목소리에 화들짝 놀랐습니다. 그 아이는 파란색 줄무늬가 있는 잠옷처럼 생긴 옷을 입고 있었어요.

"나한테 말 걸면 안 돼. 저리 가."

아이는 겁에 질린 얼굴로 부르노를 바라보았어요.

"왜 낮인데도 잠옷을 입고 있니? 옷이 없어?"

부르노는 아이가 입고 있는 더러운 줄무늬 옷을 보며 물었습니다.

"우리는 이런 옷밖에 못 입어. 유대인이거든."

"그런데 넌 이름이 뭐니?"

부르노가 자신에게 관심을 가지며 이것저것 묻자 아이도 부르노에게 호기심이 생겼어요. 그리고 부르노에게 대답하며 가까이 다가왔어요.

"난 슈무엘이라고 해. 근데 너 혹시 먹을 것 좀 있니?"

"지금은 없어. 하지만 내일 샌드위치를 가져올게."

부르노는 슈무엘과 친구가 되고 싶었어요. 부르노는 아버지와 군인들의 대화에서 들었던 유대인이란 사람들에 대해 자세히 알지 못했어요. 다만 독일군이 그들을 차별하고 있다는 것만 알고 있었지요.

"슈무엘, 난 너랑 친구가 되고 싶어. 내일도 올게."

부르노는 슈무엘과 자신 사이를 가로막고 있는 철조망이 원망스러웠어요. 철조망만 없다면 슈무엘과 샌드위치도 나누어 먹고 넓은 공터에서 공차기도 할 수 있을 테니까요. 하지만 슈무엘은 이렇게 말했어요.

"아, 아니야……. 나와 이야기하면 안 돼. 그러다 들키면 나와 우리 아빠는 혼나게 될 거야."

슈무엘의 표정이 어두워졌어요.

"아버지도 이곳에서 같이 살아?"

"응, 지금 저기에서 일하고 계셔."

부르노는 슈무엘이 가리키는 곳을 바라보았어요. 많은 어른이 무엇인가 열심히 나르고 있었어요. 그들도 하나같이 슈무엘처럼 줄무늬 잠옷을 입고 있었습니다.

"유대인은 다들 저런 옷만 입고 있네?"

부르노는 이해가 되지 않았어요. 다 같은 사람인데 왜 유대인만 철조망 안에서 살아야 하는지, 그리고 다 똑같이 더러운 줄무늬 옷을 입고 살아야 하는지 말이에요.

"야! 너! 거기서 지금 뭐 하는 거야!"

그때 멀리서 독일군의 목소리가 들려왔어요. 슈무엘은 깜짝 놀라며 일어섰습니다.

"얼른 가! 걸리면 안 돼."

슈무엘이 뛰어가면서 말했습니다. 부르노는 너무 아쉬웠어요. 슈무엘을 오늘 처음 보았지만 좋은 친구가 될 수 있을 것 같았거든요.

"슈무엘! 내일 샌드위치 싸 올게! 꼭 다시 나와야 해!"

부르노는 슈무엘의 뒷모습을 보며 소리쳤어요. 부르노의 마음은 기쁨으로 가득했어요. 좋은 친구가 한 명 생긴 것 같았지요. 슈무엘이 유대인이라는 건 아무런 문제가 되지 않았어요. 친구는 조건을 따지며 만나는 게 아니니까요.

부르노는 슈무엘을 다시 만날 상상을 하면서 콧노래를 부르며 집으로 돌아왔습니다.

-영화 <줄무늬 파자마를 입은 소년> 중에서(12세 이상 관람가)

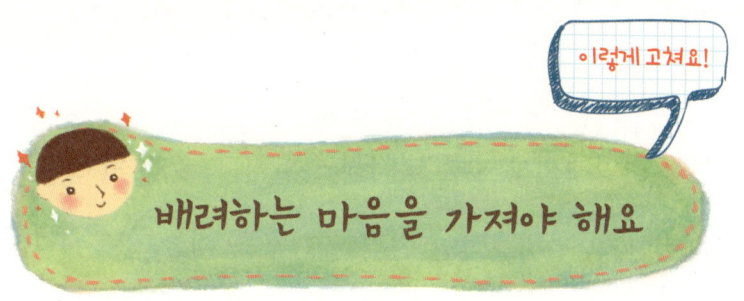

배려하는 마음을 가져야 해요

나보다 남을 먼저 생각하는 것은 어려운 일이에요. 요즘처럼 자신만 아는 이기적인 분위기 속에서 남을 배려한다는 것은 용기가 필요한 일이기도 합니다.

승객이 두고 내린 많은 돈을 자기가 가지지 않고 경찰서에 맡긴 택시 운전기사의 이야기나, 철로에 떨어진 아이를 구해 낸 청년의 이야기 등이 뉴스에 나오는 이유는 나보다 남을 먼저 생각한 아름다운 마음씨 때문이랍니다.

배려는 도와주거나 보살펴 주려는 마음이에요. 나보다 남을 먼저 생각하는 이런 마음은 쉽게 얻을 수 있는 게 아니에요. 돕고 싶어도 선뜻 나서기가 꺼려지는 경우도 많거든요. 그래서 곤경에 처한 사람을 못 본 척 지나치기도 하고 괜히 도왔다가 피해를 입을까 외면하기도 해요.

이런 일은 친구 사이에서도 종종 벌어지곤 합니다. 몸이 약한 친구를 장난삼아 때린다거나, 내성적인 성격의 친구를 대놓고 무시하는 것은 그 친구를 전혀 배려하지 않는 행위예요.

우리는 앞서 부르노의 이야기를 읽어 보았어요. 부르노는 독일 아이에요. 제2차 세계 대전 중이었던 당시 독일은 유대인을 함부로 대하고 죽이기까지 했답니다. 부르노는 이 사실을 모르고 있었어요. 부르노에게 유대인인 슈무엘은 그저 평범한 친구일 뿐이었어요. 유대인을 싫어하는 어른들과는 생각이 달랐지요.

서로를 가로막는 철조망 사이에서 두 친구는 어떤 생각을 했을까요? 그 안에 갇혀 있던 슈무엘과 슈무엘에게 다가서고 싶어 하는 부르노는 과연 친구가 될 수 있을까요?

부르노에게 슈무엘이 유대인이라는 것은 큰 문제가 되지 않았을 거예요. 왜냐하면 인간은 그 자체로 존귀하고 소중한 존재니까요. 부르노는 고향에서 뛰어놀던 친구들처럼 슈무엘과도 공을 차며 신 나게 놀고 싶었을 뿐이에요. 더러운 옷을 입고 야윈 얼굴을 한 슈무엘에게 부모님 몰래 샌드위치를 가져다주고 싶은 부르노의 마음, 이것이 바로 배려랍니다.

여러분은 배려할 줄 아는 사람인가요? 아마 그렇다고 자신 있게 대답할 사람은 많지 않을 거예요. 사람은 누구나 남보다는 내가 먼저라는 생각을 하기 마련이니까요. 이런 마음 때문에 다툼이 생기고 사회 질서마저 어지러워지는 거예요.

나보다는 내 친구를 조금만 더 생각해 보는 건 어떨까요? 내 이기심과 욕심 때문에 그 친구를 힘들게 하고 있는 건 아닌지 반성해 보는 거예요. 그리고 혹시라도 내 잘못이 있다면 지금부터 배려하는 마음을 가지면 돼요.

배려는 특별한 것이 아니에요. 친구가 어려운 일에 처했을 때 다독여 줄 수 있는 마음과 상처받지 않도록 신경 써 주는 마음이 배려의 시작이에요. 부르노가 슈무엘에게 줄 샌드위치를 품에 넣고 신 나게 숲길을 달려가는 그 마음처럼, 배려는 친구를 생각하는 따뜻한 관심의 표현이랍니다.

4 친구가 자기만 생각해요

사자 재판장은 고민에 빠졌습니다. 얼마 전에 열린 재판 때문이었지요.

숲 속 마을은 다툼 한 번 일어난 적 없는 평화로운 곳이었어요. 하지만 얼마 전부터 작은 소란이 일어나기 시작했답니다.

"재판장님, 마을 동물들이 저를 미워합니다. 이유 없이 저를 따돌리고 있어요."

여우가 눈물을 흘리며 사자 재판장을 찾아온 것은 이틀 전이었어요. 여우는 숲 속 마을로 이사 온 지 2년 정도 되었는데, 요즘 부쩍 마을 동물들과 사이가 좋지 않았어요.

"무언가 특별한 이유가 있지 않을까요?"

사자 재판장이 여우에게 물었지만 여우는 고개만 저을 뿐이었어요.

"아닙니다. 전 잘못한 게 없어요. 다들 이유 없이 저를 싫어해요."

사자 재판장은 이 일을 어떻게 해결해야 좋을지 고민했어요. 그러자 옆에서 이를 지켜보던 영리한 토끼가 한 가지 아이디어를 냈어요.

"재판장님, 이렇게 하면 어떨까요?"

토끼의 이야기를 들은 사자 재판장은 즉시 마을 동물들을 회관 앞으로 불러 모았습니다.

"우리 마을에서 이런 불미스러운 일이 일어나다니 정말 슬픕니다. 하지만 여우가 상처를 받은 만큼 빠른 해결책이 필요해요. 지금부터 여러분에게 제안을 하나 하겠습니다."

동물들은 웅성거리며 일을 크게 만든 여우를 따가운 눈초리로 바라보았지요.

"쟤는 꼭 저렇게 미운 짓만 골라 한다니까."

동물들은 여우의 행동이 매우 불쾌했어요. 여우는 자기 멋대로 행동한 적이 한두 번이 아니었거든요.

"오늘부터 한 명씩 여우의 입장이 되어 보는 겁니다. 오늘 하루 여

우가 된 사람은 그간 여우가 했던 행동을 그대로 따라 해야 합니다."

사자 재판장의 말에 동물들의 웅성거림이 더 커졌어요. 여우 역시 당황하기는 마찬가지였지요.

"그리고 여우가 된 동물을 대할 때는 여러분들이 여우에게 했던 방식 그대로 행동하면 됩니다."

사자 재판장은 근엄한 표정으로 말했어요. 동물들의 웅성거림도 조금씩 줄어들었어요. 가장 먼저 여우의 역할을 맡은 동물은 양 아주머니였습니다.

"나는 오늘 집 청소를 해야 해서 회의엔 참석 못 해요."

양 아주머니는 여우의 목소리를 흉내 내며 말했어요. 동물들은 자기들끼리 모여 양 아주머니의 흉을 보기 시작했어요. 맛있는 음식이 있어도, 좋은 소식이 있어도 양 아주머니만 소외시켰지요. 양 아주머니는 집에서 온종일 혼자 시간을 보내야 했어요. 아무리 역할극이라지만 양 아주머니의 기분이 좋지만은 않았답니다.

둘째 날에는 돼지 총각이 여우의 역할을 맡았어요.

"사냥이요? 난 못 가요. 덥고 힘들다고요."

돼지 총각은 며칠 전 마을 전체 사냥 대회 때 혼자만 쏙 빠졌던 여우를 떠올리며 말했어요. 옆에서 지켜보던 여우의 얼굴이 화끈 달아올랐어요. 자기가 그때 왜 그렇게 이기적으로 행동했는지 후회하면서 말이에요.

 돼지 총각의 말이 끝나자 동물들은 이번엔 돼지 총각을 따돌리기 시작했습니다. 운동을 할 때도 자기들끼리, 단체 청소를 할 때도 자기들끼리만 모였어요. 돼지 총각은 하루 종일 혼자 지내야 했어요. 아무도 자기와 이야기하지 않았기 때문이에요. 돼지 총각은 '여우도 외로웠겠구나.' 하는 생각이 들어 여우에게 미안해졌어요.

 그렇게 일주일이 지났어요. 사자 재판장은 다시 동물들을 불렀습니다.

 "자, 이제 판결을 내려 볼까요?"

 사자 재판장은 근엄한 표정으로 말을 이어나갔어요.

 "여우는 동물들이 자신을 왜 싫어하는지 모른다고 했지만 이번 기회를 통해 자기의 잘못을 조금은 알게 되었을 겁니다. 그리고 마을 동물들은 하루씩 여우가 되어 보면서 여우가 느꼈을 외로움과 괴로움을 이해하게 되었을 거예요."

 동물들은 조용히 재판장의 이야기를 들었어요. 여우도 고개를 푹 숙였습니다.

"여우는 자기 자신을 돌아보며 앞으로 이런 행동을 반복하지 않으면 되고, 나머지 동물들은 집단으로 한 동물을 따돌리기보다는 잘못을 지적해 주면서 같이 어울려 살아가는 지혜를 가꾸어야 할 것입니다."

 사자 재판장이 판사 봉을 '탕탕탕' 두드렸습니다. 동물들은 재판장의 재판 결과에 매우 만족했어요. 그리고 여우에게 다가가 손을 내밀었습니다. 여우도 그들의 손을 뿌리치지 않았어요. 오랜만에 숲 속 마을엔 동물들의 웃음소리가 가득했습니다.

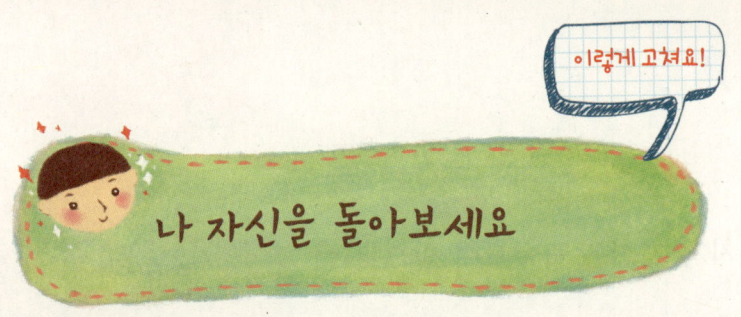

나 자신을 돌아보세요

만약 우리에게 남의 마음을 훤히 읽을 수 있는 능력이 주어지면 어떨까요? 생각이나 마음 상태를 읽을 수 있으니 그 사람을 조금 더 이해하게 될지도 몰라요. 오해했던 부분도 금방 풀리게 될 거고요. 그렇게 되면 다툼도 당연히 줄어들겠죠?

하지만 우리에게는 이런 능력이 없어요. 상대방의 마음을 다 알지 못하기 때문에 그 사람의 표정이나 말투를 통해 예상할 뿐이지요. 그렇기에 서로의 마음이 다치지 않도록 세심한 배려가 필요하답니다.

친구가 나를 싫어하는 것 같아 고민이 되나요? 반 아이들이 나를 따돌리고 있어서 괴로워하고 있나요? 왜 하필 나한테만 이런 일이 생기는지 모르겠다고 원망하고 있나요?

힘든 일이겠지만 친구를 원망하기 이전에 나 자신을 먼저 돌아보는 건 어떨까요? 사람은 언제나 자기 입장에서만 생각하기 마련입니다. 서로의 마음을 자세히 알 수 없기 때문에 오해가 생기고 다툼이 일어나지요. 내 마음을 몰라주는 친구가 밉고 원망스럽기 때문에 험담을 하고 싸움까지 하게 되는 거예요. 하지만 무조건 잘못을 상대방 탓으로 돌리는 것은 잘못된 행동이에요.

친구들이 합심해서 한 명을 따돌리고 괴롭히는 것은 분명 나쁜 일입니다. 하지만 그전에 나는 어떤 사람이었는지, 나는 어떤 친구였는지 돌아보는 과정도 필요해요. 혹시라도 내가 너무 내 마음만 앞세우다가 친구들을 서운하게 만들지는 않았는지 내 행동에 대한 반성도 필요하다는 것이지요. 이런 과정을 거치게 되면 조금은 친구들을 이해하게 될 거예요.

반내의 경우는 어떨까요? 지금 마음에 들지 않는 친구를 따돌리고 있지는 않나요? 입에 담지 못할 욕을 하면서 그 친구를 괴롭히고 있지는 않나요? 나와 다르다는 이유로 무시하고 있지는 않나요?

그렇다면 나는 어떤 사람인지 잠시만 생각해 보세요. 그 친구를 괴롭히고 따돌릴 만큼 내가 완벽한 사람인지를 말이에요.

인간에게 정답이 있을까요? 수학 문제처럼 정해진 공식이나 정답이 있다면 인간도 평가받는 동물이 되겠지요. 마치 등급을 매기는 것처럼 말이에요. 하지만 인간은 어느 누구도 평가할 수도, 평가받을 수도 없어요. 그 자체로 고귀한 존재이기 때문이지요.

그 친구가 싫기 때문에 따돌린다는 것은 여러분이 그 친구를 평가하고 있다는 뜻입니다. 만약 입장을 바꿔서 내가 이런 평가를 받는다면 어떤 기분이 들지 생각해 보세요. 그리고 나에게 친구를 따돌릴 권한이 있는지도 돌아보세요. 여러분에게 이런 권한을 준 사람은 아무도 없답니다.

스스로 반성하고 잘못을 뉘우치는 일은 생각보다 힘든 일이에요. 어른들조차 고치기가 쉽지 않은 부분이지요. 하지만 그렇기 때문에 더 값진 행동이라 할 수 있어요. 누구나 하기 쉬운 일이라면 이 세상에 다툼이나 전쟁 같은 일들은 일어나지 않았을 거예요.

지금이라도 늦지 않았어요. 거울을 보면서 나 자신을 돌아보세요. 나는 어떤 사람이었는지를……. 잘못이 있다면 뉘우치고 반복하지 않으면 돼요. 한꺼번에 바뀌기는 어려워요. 차근차근 반성하는 것부터 시작한다면 나도, 내 친구들도 어느 순간 변하게 될 거예요.

5 겉모습이 싫어요

영국에는 〈브리튼즈 갓 탤런트〉라는 오디션 프로그램이 있어요. 우리나라의 〈슈퍼스타 K〉처럼 재능이 있는 사람을 뽑는 프로그램이에요. 다양한 끼로 똘똘 뭉친 영국인들은 이 무대에서 자신들의 기량을 발휘하며 마음속에 담아 두었던 꿈을 이루려고 노력한답니다.

그런데 2007년에 방영된 〈브리튼즈 갓 탤런트〉에서 혜성처럼 등장한 인물이 있어요. 바로 '폴 포츠'라는 젊은 남자랍니다. 사람들은 처음 이 사람의 외모를 보고 큰 기대를 하지 않았어요. 초라해 보이는 행색이 큰 무대와 어울리지 않는다고 생각했거든요.

하지만 그가 노래를 시작한 순간, 심사 위원과 방청객은 입을 다물지 못했어요. 성악을 한 번도 배운 적이 없다는 남자의 노래가 마치 천사의 목소리처럼 아름다웠기 때문이지요. 심사 위원 중 한 명은 눈물까지 흘렸답니다. 그는 어떻게 유명한 오페라 가수가 될 수 있었을까요?

폴 포츠의 직업은 휴대폰 판매원이었어요. 그는 돌출된 입과 뚱뚱한 몸매로 사람들의 주목은커녕 항상 소외된 채 외로움을 느끼며 살았어요.

"어린 시절에 저는 못생긴 외모와 어눌한 말투 때문에 항상 따돌림을 당하곤 했어요."

폴은 어린 시절을 생각하면 가슴이 아팠어요. 못난이 폴과 놀아 주는 친구들이 아무도 없었거든요.

"폴, 얼굴이 왜 그 모양이니?"

"말은 또 왜 그렇게 더듬어?"

폴은 외로웠지만 어려운 가정 형편 때문에 학업과 일을 병행해야 했어요. 신문배달을 하면서 용돈을 벌었고 학용품도 사야 했어요. 옷이 없어서 교복 한 벌로 생활했어요. 학교에서도, 일을 할 때도 항상 교복만 입었어요. 친구들은 그것마저 놀려 대며 폴을 무시했어요.

"쟤는 옷이 저거 한 벌밖에 없나 봐."

그 이후로도 교통사고와 질병으로 폴은 힘든 나날을 보내야 했어요. 어른이 되어서도 어린 시절의 상처는 아물지 않았지만 단 하나, 오페라 가수가 되겠다는 꿈만큼은 포기하지 않았어요. 그는 외로울 때마다 노래 연습을 했답니다. 노래는 그의 아픈 마음을 치유해 주는 약과 같았어요.

휴대폰을 판매하던 세일즈맨이 오디션 프로그램에 나가 우승을 할 거라고 생각하는 사람은 아무도 없었어요. 그런데 폴이 처음 노래를 불렀던 무대의 영상은 세계 최대 동영상 사이트 유튜브에서만 1,600만 건이라는 엄청난 조회 수를 기록했답니다. 전 세계 사람들이 그의 목소리를 듣고 감동을 받았어요. 폴은 고난 속에서도 묵묵히 자신의 일을 해 왔고 꿈을 포기하지 않았어요. 그의 집념이 마침내

꿈을 이루어 준 거예요.

그를 괴롭혔던 친구들은 어땠을까요? 폴은 이렇게 말했어요.

"TV에 출연해 우승을 한 뒤 저를 괴롭혔던 친구 두 명에게 연락이 왔습니다. 미안하다고 사과를 하더군요. 자신들도 그때 왜 그랬는지 후회가 된다면서요. 그때만 생각하면 마음이 괴롭다고 했어요."

폴을 괴롭혔던 친구들은 폴이 누군가에게 희망을 주는 훌륭한 사람으로 자랄 거라고는 상상도 하지 못했겠지요. 그들도 근사하게 성장한 폴을 보면서 자신들의 과오를 반성했을 거예요. 그리고 늦게나마 사과의 말을 전한 친구들이, 옛일이라고 모른 척하며 외면하는 다른 친구들보다 훨씬 용기 있는 사람이라는 것도 폴은 알고 있었을 거예요.

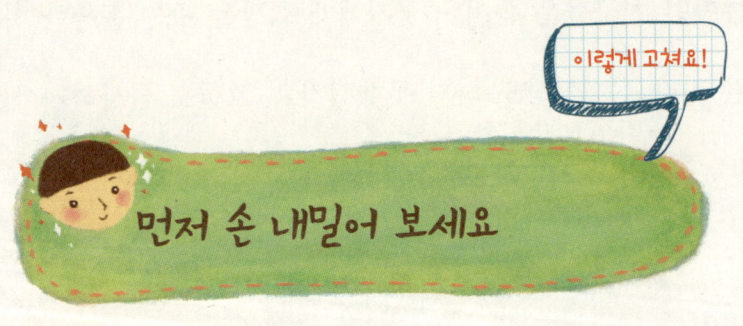

모든 덕 가운데서 가장 강하고 고결하고 자랑스러운 것은 진정한 용기다.   - 몽테뉴

여러분은 용기가 무엇이라고 생각하나요? 싸움을 잘하는 사람이 용기 있는 사람일까요? 아니면 무서운 놀이기구를 잘 타는 사람이 용

기 있는 걸까요? 귀신을 두려워하지 않거나 무서운 영화를 잘 보는 사람이 용기 있는 사람일까요?

물론 이런 사람들도 용기가 있다고 말할 수 있을 거예요. 하지만 진정한 용기와는 조금 거리가 있답니다. 그렇다면 진정한 용기는 무엇일까요?

그것은 어려운 일인 줄 알면서도 내가 먼저 행하는 것입니다. 아무도 선뜻 나서지 못하는 일에 과감히 다가서는 것, 그것이야말로 정말 용기 있는 행동이랍니다.

사람의 마음은 참으로 오묘한 것이에요. 여러 감정들이 한데 뒤엉켜서 다양한 색을 만들어 내거든요. 그 감정들이 아름답고 따뜻한 마음이면 밝은색으로 나타나지만 그렇지 못할 때는 우리 마음을 어둡고 거칠고 심란하게 만듭니다.

특히 자존심과 두려움은 인간을 나약하게 만드는 주요한 원인이 되곤 해요. 자존심 때문에 친구에게 사과하지 못할 때도 있고, 두려움 때문에 친구에게 먼저 다가서지 못하기도 하지요. 내가 잘못한 것을 알면서도 자존심과 두려움이라는 감정이 벽을 만드는 거예요.

진정한 용기는 자존심과 두려움에게 지지 않는 거랍니다. 당연히 내 마음, 내 감정이 더 중요하고 소중하지요. 내가 지금 기분이 나쁘고 상처를 받았는데 자존심을 굽혀 가며 친구의 마음을 다독여 주기란 쉽지 않은 일이에요.

하지만 그렇기 때문에 용기가 필요한 거예요. 누구나 하기 쉬운 일이라면 용기라는 단어는 이 세상에 존재하지 않을지 몰라요. 어려운 일이기에 더욱 굳센 의지가 필요하지요.

친구가 내 마음을 거절할까 두려운가요? 아니면 친구를 돕다가 나 역시 따돌림당할까 무서운가요? 그 두려움 때문에 힘들어하는 친구 곁에 주춤거리며 다가서지 못하고 있다면 여러분은 두려움이라는 감정에게 지고 있는 거예요. 마음 한쪽에 자리 잡은 이 녀석은 언제 또 불쑥 튀어나와 여러분을 힘들게 할지 몰라요. 두려움과 자존심에 휘둘리며 머뭇거리는 사람처럼 나약한 사람도 없답니다.

진정한 용기는 어려운 상황에 처한 친구에게 먼저 손 내밀 줄 아는 마음이에요. 손을 내밀었을 때 상대방이 뿌리칠까 봐 걱정할 필요는 없어요. 외로움 속에 있던 친구에겐 반가운 손짓일 테니까요. 그 친구는 자신을 다독여 주고 일으켜 줄 누군가를 기다리고 있었을 거예요.

 냉소적인 눈빛과 멸시 속에서 혼자 묵묵히 외로움을 견뎠을 친구의 마음을 떠올려 보세요. 여러분이 먼저 손을 내민다면 그 친구는 분명 반갑게 잡아 줄 거예요. 그리고 먹먹했던 친구의 마음속에 한 줄기 빛이 스며들지도 몰라요. 고통으로 가득한 마음일지라도 누군가의 따뜻한 눈빛, 손길이 닿으면 금방 환하게 물들어 버리니까요.

 내가 먼저 시작해야 해요. 남이 먼저 하길 바라면 늦어 버리거든요. 내가 함으로써 다른 이들도 변할 수 있다면 정말 뿌듯하지 않을까요?

 진정한 용기가 무엇인지 꼭 기억하세요. 그것은 여러분 마음속에 있으니까요.

6 친구의 사과를 너그러이 받아들여요

학교에서 돌아온 수지의 책상 위에 편지 한 통이 놓여 있었어요.

서울에서 온 것이었지요. 분홍색 편지 봉투 뒷면에는 '김지혜'라고 적혀 있었어요. 수지는 이름만 확인하고 편지를 뜯어보지도 않은 채 책상 위에 가만히 올려 두었습니다.

"편지 안 읽어 보니?"

엄마가 방에 들어와 물었어요. 엄마는 수지가 다시 안 좋은 기억을 떠올릴까 봐 걱정스러운 표정이었어요.

"학원 갔다 와서 읽어 볼게요."

수지는 일부러 밝게 웃으며 말했어요. 자신 때문에 힘든 시간을 보낸 가족들에게 다시 걱정을 끼치고 싶진 않았거든요.

수지가 서울에서 두 시간 거리의 도시로 이사 온 것은 힘든 학교생활 때문이었어요. 친하게 지내던 친구들과 사소한 말다툼을 한 뒤로 수지는 반에서 따돌림을 당했어요. 가뜩이나 내성적이었던 수지는 그 시간을 견디지 못했답니다. 마음이 아프니 몸도 아프기 시작했어

요. 스트레스로 머리카락도 빠지고 배앓이도 심하게 했어요.

결국 부모님은 이사를 하고 수지를 전학시키기로 결정했어요. 그때만 생각하면 수지는 마음이 좋지 않았어요. 하지만 전학을 온 뒤 친한 친구도 사귀고 극진한 부모님의 사랑으로 점차 마음의 안정을 찾을 수 있었답니다.

수지는 잠들기 전에 지혜가 보낸 편지를 읽어 보았어요. 편지에는 온통 사과의 말들뿐이었어요. 아직도 상처가 전부 아물지는 않았지만, 수지는 지혜의 진심 어린 편지에 답장을 써야겠다고 생각했어요.

지혜와 친구들을 용서하고 이해하는 게, 그들을 위해서가 아니라 수지 자신을 위해서라는 생각이 들었거든요. 그래야 아픔을 다 잊고 즐거운 학교생활을 할 수 있을 것 같았어요.

수지는 책상에 앉아 편지를 쓰기 시작했습니다.

지혜에게.

지혜야, 잘 지내고 있니?

나는 잘 지내고 있어. 내가 이사 온 지도 이제 넉 달이 다 되어 가네.

네 편지는 잘 읽었어. 솔직히 말하면 조금 놀라기도 했어. 편지 봉투에 너의 이름이 적혀 있어서 두 번이나 확인했단다.

너는 잘 지내니? 다른 친구들도 잘 있는지 궁금해. 미정이랑 혜민이도 그대로겠지?

내가 이사 간다고 했을 때 너희들이 우리 집으로 찾아와 울면서 사과했잖아. 내가 전학 가는 걸 마지막까지 숨겼던 건 너희들에게 알리고 싶지 않아서였어. 우리 그때 사이도 안 좋았고 나는 학교에서 따돌림을 당하고 있었으니까.

지금 생각해 보면 너희들이 나를 싫어했을 만한 이유가 있었던 것 같아. 내가 소심해서 잘 삐지고 약속도 몇 번 어겼지. 나는 너희들이 그런 나를 이해해 줄 줄 알았어. 친한 친구일수록 더 소중히 대해야 한다는 걸 그때는 몰랐거든. 하지만 너희들이 짜고 나를 따돌릴 때는 정말 많이 힘들었어. 얼마 안 갈 줄 알았는데 반 친구 모두가 나를 무시하니까 학교 다니기가 너무 힘들었어.

이사 가기 전날 너희들이 집에 찾아왔을 때에도 내가 나가서 만나지 않았던 건 너희를 볼 자신이 없어서였어. 그런데도 너희는 울면서 나에게 몇 번이나 사과했지. 하지만 그때는 그 말도 다 거짓말 같더라.

　전학 와서도 친구를 쉽게 사귀지 못했어. 그런데 고맙게도 좋은 친구들이 생겼고 지금은 아주 잘 지내. 마음도 많이 편해졌어.

　네 편지를 읽으면서 옛 생각에 심장이 두근거리기도 했지만 다 지난 일이니까 이젠 잊으려고 해. 처음엔 내가 못나 보이고 한없이 초라해 보였는데 지금은 그렇게 생각 안 해. 지금 이곳 친구들은 언제나 나와 함께 하고, 부모님도 언제나 나를 사랑한다고 말씀해 주시거든.

　누구보다 나는 소중한 사람이라는 걸 느끼고 있는 중이야. 너도 네 자신을 아끼고 사랑하는 만큼 네 친구들을 대했으면 좋겠어. 앞으로 나와 같은 아이가 생기지 않도록 말이야.

　나중에 우리가 좀 더 커서 옛일을 웃으며 이야기할 수 있을 때, 그때 다시 한 번 만나자. 안녕!

- 대전에서 수지가

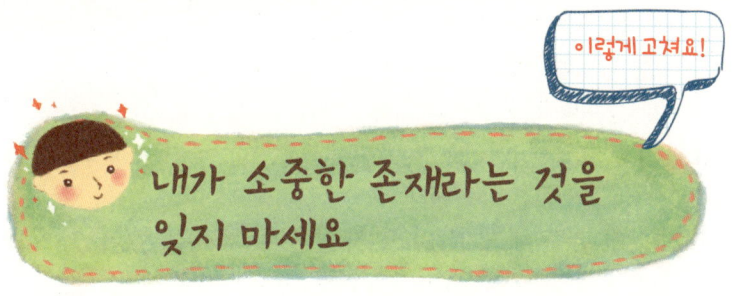

내가 소중한 존재라는 것을 잊지 마세요

이 세상에는 성공한 사람들이 많이 있습니다. 분야는 다를지라도 각자의 위치에서 최고가 되어 세계적으로 이름을 알린 사람들이지요.

그들이 자신의 위치에서 최고가 될 수 있었던 것은 특별한 재능을 갖고 태어났기 때문이 아닙니다. 집안 환경이 좋아서도, 천재적인 두뇌를 가지고 있어서도 아니랍니다.

아이폰으로 유명한 애플의 설립자인 스티브 잡스나 미국의 유명 토크쇼 진행자인 오프라 윈프리, 우리나라의 정주영 현대그룹 회장 등은 오히려 어린 시절이 매우 불행했던 사람들이에요.

스티브 잡스는 부모에게 버려져 양부모 밑에서 컸고, 오프라 윈프리는 가난과 폭행 등 상처로 얼룩진 어린 시절을 보냈어요. 정주영 회장은 고등학교에 입학하지 못할 만큼 가난해서 가출을 일삼기도 했답니다.

그럼에도 불구하고 이들이 자신의 분야에서 일류가 될 수 있었던 원동력은 무엇이었을까요?

만약 스티브 잡스가 부모에게 버려진 자신을 탓하기만 했다면, 오프라 윈프리가 학대받는 자신을 소중히 생각하지 않았다면, 정주영 회장이 가난을 원망하며 자포자기했다면 결코 현재의 위치에 오를 수 없었을 거예요. 그들은 하나같이 자신을 소중하게 생각했고 누구보다 잘될 거라는 긍정적인 생각을 지니고 있었습니다. 나 자신을 소중히 생각했기 때문에 어려운 환경 속에서도 희망의 끈을 놓지 않았던 거예요.

지금 마음을 다쳐 괴로워하는 친구들이 있다면, 이것 하나만은 반드시 기억하세요. 여러분은 누구보다도 소중한 존재라는 것을요. 나를 미워하고 싫어하는 친구들이 있다고 해서 내 존재마저 사라지는 것은 아니에요. 나는 나일 뿐입니다. 이 세상에 존재하기 때문에 마땅히 존중받아야 하는 고귀한 사람이에요.

친구들에게 따돌림당한다고 해서 스스로를 미워하면 절대로 안 돼요. 나마저 내 존재를 무시하고 포기해 버린다면 어느 누구도 나를 사랑해 주지 않을 거예요. 사랑받기 위해선 먼저 자기 스스로를 아끼고 사랑할 줄 알아야 하거든요.

우리가 앞서 이야기했던 사람들을 생각해 보세요. 그들은 절대 자신을 포기하지 않았어요. 상처받고 괴로웠지만 누구보다 자신을 믿고 아꼈던 것이죠. 이런 마음으로 힘든 환경도 이겨 낼 수 있었고요.

여러분은 이 세상에 축복받고 태어난 사람이에요. 지금 힘든 일을 겪었다고 해서 위축될 필요는 없어요. 여러분이 살아갈 미래에는 이보다 힘든 일이 더 많을지 몰라요. 그럴 때마다 스스로를 미워할 건가요? 지금 겪는 일은 어른이 되는 하나의 과정일 뿐입니다. 이 시기가 지나고 나면 내가 얼마나 사랑받고 있었는지 깨닫게 될 거예요.

'비 온 뒤에 땅이 굳어진다.'는 말이 있어요. 비에 젖어 질척거리던 땅이 마른 뒤에는 더욱 단단하게 굳어진다는 뜻이에요. 시련이 왔을 땐 힘들지만 겪고 나면 더 강해진다는 의미로, 어려운 일을 겪는 사람들에게 자주 쓰이는 말이랍니다.

지금 힘들다고 좌절하지 마세요. 언젠가는 단단하게 굳은 땅처럼 어떤 시련에도 당당히 맞설 수 있는 강한 마음을 갖게 될 테니까요. 그러기 위해선 무엇보다 자신을 소중하게 생각해야 해요. 나 자신보다 소중한 것은 없답니다.

7 분위기에 따라가게 돼요

상훈이는 오늘도 친구들의 눈치를 보느라 정신이 없었어요.

"야, 김상훈! 오늘 3반이랑 야구 시합 있어!"

반장 철규가 큰 소리로 말했어요.

"응, 알았어!"

상훈이는 가방을 싸며 대답했어요. 사실 오늘 배가 너무 아파서 일찍 집에 가고 싶었지만 야구 시합에 빠질 수 없었어요. 한 번이라도 빠지면 그다음 날 친구들과의 대화에 낄 수가 없었거든요. 상훈이는 양호실에 들러 약을 먹고 야구를 해야겠다고 생각했어요.

상훈이가 친구들의 눈치를 보게 된 건 영호의 일이 터진 이후부터였어요. 영호는 같은 반 친구였는데 남자아이들은 영호를 상대해 주지 않았어요.

"영호 저 녀석은 여자애들하고 더 친한가 봐."

"쟤는 운동 같은 거 싫어한대."

"무슨 남자애가 툭 하면 선생님한테 이르냐?"

아이들은 자신들과 어울리지 않는 영호를 무시하기 시작했어요. 영호는 조용한 성격에 공부도 곧잘 하는 친구였어요. 또 하기 싫은 일은 하기 싫다고 정확히 표현했지요. 이런 성격 때문인지 친구들은 영호를 부담스러워했어요.

"나는 학원 때문에 야구 시합 못 해."

"반장이면 그렇게 친구를 막 대해도 되는 거야?"

자기가 봤을 때 잘못된 일이라고 생각되면, 영호는 주저하지 않고 말하곤 했어요. 상훈이는 그런 영호의 성격이 부러웠어요. 하지만 친구들은 그렇게 생각하지 않았어요. 잘난 척한다고 생각했거든요. 특

히 반장인 철규는 영호가 영 마음에 들지 않았는지, 자신이 주도해서 영호를 따돌리기 시작했어요.

"앞으로 한영호랑은 절대 같이 안 논다."

철규의 말에 반 친구들은 합심해서 영호를 따돌리기 시작했습니다. 힘들 텐데도 영호는 내색 한 번 하지 않았어요. 상훈이는 그런 영호가 불쌍하기도 하고 부럽기도 했어요. 자신도 가끔 야구 시합이나 축구 시합에 빠지고 싶지만 그럴 용기가 없었거든요. 게임방에 가기 싫을 때도 있었고 철규 집에 모여 노는 것도 싫을 때가 있었어요.

'영호는 어디서 저런 용기가 나올까? 혼자면 외롭지 않을까?'

상훈이는 이런 생각을 하면서도 선뜻 영호에게 다가가지 못했어요. 영호랑 가깝게 지내다가는 자신마저 영호처럼 따돌림을 당하게 될지도 모르니까요. 게다가 반 친구들 모두가 영호를 그렇게 대하다 보니 상훈이도 그게 옳은 일처럼 느껴지기 시작했어요.

'영호가 자존심을 조금만 굽히면 좋을 텐데.'

상훈이는 영호가 고집을 부리는 게 조금은 이해되지 않았어요. 그냥 한두 번씩 친구들과 어울려도 될 텐데 말이에요.

"야, 김상훈! 빨리 나와! 애들 다 기다린단 말이야!"

철규의 재촉하는 목소리가 복도에 쩌렁쩌렁 울렸어요. 아랫배가 아까보다 더 많이 아파 왔어요.

'그냥 집에 간다고 말할까?'

상훈이는 교실을 빠져나오면서 생각했어요. 눈앞에 복도를 걸어가는 영호의 뒷모습이 보였어요. 상훈이는 가만히 영호를 바라보다가 배를 움켜쥐고 양호실로 뛰어갔어요.

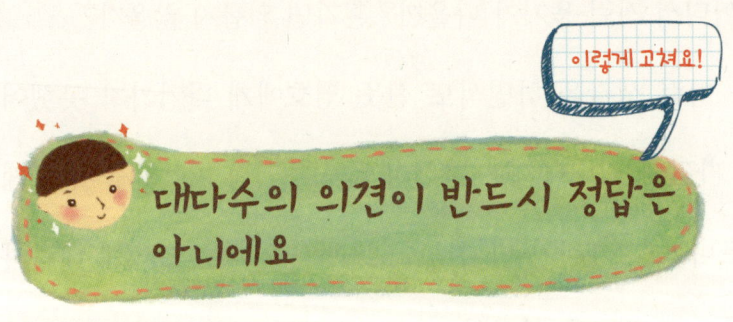

대다수의 의견이 반드시 정답은 아니에요

"남들이 YES라고 할 때, NO라고 할 수 있는 사람."

이 말은 예전에 방영됐던 텔레비전 광고에서 나온 말입니다. 남을 의식하는 한국인의 습성을 반영한 광고였지요.

남들이 "YES."라고 한다고 해서 나 역시 앵무새처럼 "네."라고 대답하기보다는, 아닐 땐 아니라고 당당하게 말할 수 있는 사람이 되어야 한다는 메시지를 담고 있어요.

이런 일은 어른들에게도 자주 일어나요. 회사 생활에서도, 혹은 친구들 사이에서도 다수의 의견에 휩쓸리는 경향이 있거든요. "싫습니다." 혹은 "아니에요."라고 말하지 못하는 것은 그것이 잘못된 것이라고 생각하지 않아서가 아니라 남의 눈치를 보기 때문이에요.

대다수의 사람이 그런 행동을 했다고 해서 그것이 반드시 정답이 되는 것은 아닙니다. 물론 정답일 때도 있지요. 하지만 그것은 절대적인 기준이 아니에요.

학급 회의를 해 본 적이 있지요? 학급에 관한 여러 가지 사항을 논의할 때를 생각해 보세요. 친구들의 의견이 여러 가지로 나뉘었을 때 흔히 하는 것이 무엇인가요?

바로 다수결입니다. 다수결은 의견이 하나로 모아지지 않을 때 하는 방식이지요. 민주주의에서는 이 제도를 자주 사용한답니다. 우리나라 국회에서도 안건이 있을 때 국회의원들이 찬반 투표를 하지요. 이것 역시 다수결에 해당돼요.

다수결은 대다수의 사람이 원하는 방향으로 결론을 이끌어 내는 방식이에요. 대다수가 원하는 쪽으로 결론이 나야 큰 문제가 생기지 않거든요. 웬만하면 많은 사람이 원하는 대로 하려는 것이지요.

그런데 이럴 때 문제가 되는 것은 소수의 의견이에요. 다수결은 분명 최선의 민주주의적인 방식이지만 소수의 의견을 무시해도 된다고 말하지는 않습니다. 다수의 의견이 꼭 정답은 아니거든요.

친구 관계에서도 마찬가지랍니다. 많은 친구가 한 아이를 싫어하는 데에는 분명 이유가 있기 때문이라고 합리화하고 있지 않나요? 친구들이 모두 그렇게 하니까 나도 하는 거라고 핑계를 대고 있지 않나요? 다수가 하기 때문에 나 하나쯤은 아무 문제없다고 안심하고 있지 않나요?

그렇게 생각하는 사람이 하나둘씩 늘어난다고 생각해 보세요. 지금은 몇 명의 친구에서 시작하겠지만 곧 반 전체가, 학년 전체가, 학교 전체가 이런 생각을 갖게 될 거예요. 대다수가 하기 때문에 죄의식도 그만큼 작아지게 된답니다. 나만 하는 게 아니기 때문이지요.

모두가 그렇게 한다고 해서 "네."라고 하기보다는 "아니오."라고 당당하게 자신의 의견을 이야기할 수 있는 사람이 진짜 멋진 사람입

니다. 지금부터 우리 함께 말해 볼까요?

"그것이 잘못된 일이라면 나는 NO라고 말할 수 있는 용기 있는 사람이 될 거예요!"

부록

엄마 아빠가 읽어요

강원대학교 소아정신과 황준원 교수님의
우리 아이 왕따 문제 대처법

1

● 아이에게 관심을 가져 주세요

　　내 아이의 학교생활이나 교우 관계에 대해 얼마나 관심을 갖고 계신가요?

　　학교 폭력과 집단 따돌림으로 인해 과도한 스트레스로 목숨을 끊는 학생들이 늘어나면서 왕따는 학교뿐만 아니라 국가적으로도 심각한 문제가 되고 있습니다. 따돌림은 현재 학교 폭력의 한 종류로 간주되며 '학교 내외에서 2명 이상의 학생들이 특정인이나 특정 집단의 학생들을 대상으로 지속적이거나 반복적으로 신체적 또는 심리적 공격을 가하여 상대방이 고통을 느끼도록 하는 일체의 행위'라고 정의되어 있습니다. 이러한 현상의 원인으로 대부분 지목되는 것이 '어른들의 무관심'입니다. 가정과 학교에서의 무관심이 집단 따돌림을 확대시킨다는 것이지요.

　　집단 따돌림의 피해자가 적극적으로 자신의 상황을 주변에 알리기란 사실상 어렵습니다.

　　'만일 당신이 왕따 피해자라면 부모님께 말하겠습니까?'라는 주제로 초등학생에게 설문조사를 실시한 결과 대다수의 학생이 아니라고 답했습니다. '창피해서', '가해 학생의 보복이 두려워서', '부모님께 죄송해서', '부모님에게 혼날까 봐' 등이 이유였습니다.

내 아이에게 아무런 문제가 없기를 바라는 마음은 모든 부모님의 소망이기도 합니다. 하지만 우리 아이들의 마음은 다를지 모릅니다. 아이가 느끼기에 부모는 자신을 언제라도 지켜 줄 수 있는 든든한 산과 같아야 합니다. 하지만 신뢰가 깨질 경우 자녀는 자신의 고민을 쉽사리 드러내지 않게 됩니다. 내 편이 아니라 나를 질책하는 두려운 존재로 느끼는 것이지요.

그렇기 때문에 부모는 항상 내 아이를 잘 관찰해야 합니다. 지금 우리 아이의 행동에 큰 변화가 없다고 해서 안심하고 계신가요? 그렇다면 그 마음부터 바꾸셔야 합니다. 왕따는 내 아이만 괜찮다고 해서 피할 수 있는 문제가 아닙니다.

왕따는 피해자가 가해자가 될 수도 있고, 가해자가 피해자가 될 수도 있는 구조로 이루어져 있습니다. 특히 저학년일수록 왕따를 놀이처럼 여기고 죄책감 없이 친구를 따돌리며 괴롭힙니다. 문제는 이것이 하나의 문화처럼 자리 잡혀 가고 있다는 것입니다. 이런 상황이라면 내 아이도 왕따가 되거나 혹은 왕따를 방관하는 방관자의 위치에 서게 될지 모릅니다.

연구에 따르면 따돌림을 당하는 피해자나 가해 학생뿐 아니라 방관 학생들에게도 공감 능력이 결여되어 있다고 합니다. 지속적으로 따돌림을 당한 아이의 경우 정신증(psychosis)의 초기 증상과 유사한 증상을 겪을 수 있으며, 장기적으로는 해마(hippocampus)나 편도체(amygdala) 등 인간의 기억과 정서 조절에 영향을 주는 뇌 부위에 만성적인 손상을 입어 과거의 부정적인 기억에 시달리거나 늘 예민하고 불안한 감정에 시달릴 수 있습니다.

부모는 자녀의 침묵에도 반응할 수 있는 힘을 가져야 합니다. 그러기 위해서는 아이와 대화를 자주 하고 자녀의 요즘 관심사가 무엇인지 알아보는 노력이 필요합니다. 왕따 피해자의 부모들은 "아이가 이런 고통을 겪고 있는 줄 몰랐다."라는 말을 많이 합니다. 집에서는 아무런 이상 징후를 느끼지 못했다는 것이지요.

왕따 피해 학생들은 자신의 이야기를 쉽게 꺼내지 못합니다. 그렇기 때문에 부모님은 아이의 행동을 지켜보면서 징후를 파악해야 합니다.

★ 하교 후에는 아이와 10분 이상 대화하세요

요즘 아이들은 방과 후에 학원을 다니기 때문에 부모님과 대화할 시간을 많이 갖지 못합니다. 부모님께 고민을 이야기하고 싶어도 그런 분위기가 형성되지 않을 경우 아이는 체념하게 되지요. 아이가 말을 잘 하지 않는다면 그것은 부모님과 대화하는 자체가 어색하기 때문입니다. 우선 아이가 스스럼없이 대화할 수 있는 친근한 분위기를 만들어 주세요.

"오늘 학교에서 아무 일 없었니?"

"오늘도 공부하느라 고생했구나."

이렇게 일상적인 이야기로 대화를 유도하면서 아이의 표정을 살펴보는 것이지요. 억지로 아이의 대답을 이끌어 내거나 강압적인 질문을 하는 것은 오히려 아이의 불안을 증폭시킬 수 있습니다.

★ **내 자녀와 친하게 지내는 친구들을 파악하세요**

자녀가 평소에 친하게 지내는 친구들이 누구인지 파악해 두는 것도 중요합니다. 또래의 영향을 가장 많이 받는 시기이기 때문에 같이 노는 친구들의 이름과 성향, 간단한 신상 정보를 알아 두는 것도 나쁘지 않습니다.

집으로 초대해 얼굴을 익혀 두는 것도 좋습니다. "우리 ○○이 괴롭히거나 따돌리면 안 돼."와 같은 부담스러운 말보다는 "싸우지 말고 사이좋게 지내렴."과 같은 가벼운 말로 다독여 주세요.

★ 자녀의 행동을 세심하게 관찰하세요

자녀가 평상시와 다른 행동을 하지는 않는지 관심 있게 지켜보세요. 아이들은 심적 고민이 있을 경우 평소와 매우 다른 행동을 하기도 합니다. 갑자기 돈을 헤프게 쓴다든가, 방문을 잠그는 등 그동안 보이지 않던 징후가 보이면 아이와 대화를 시도해야 합니다. 윽박지르거나 체벌을 하면 오히려 역효과가 날 수 있습니다.

내 아이가 학교 폭력의 피해자나 가해자가 되지 않기를 바라는 것은 모든 부모의 한결같은 마음일 것입니다. 혹시라도 이런 일이 생겼을 경우 내 자녀에게만큼은 아무 잘못이 없다고 믿고 싶은 마음 또한 모든 부모의 공통된 생각이지요.

학교 폭력의 80.7%가 같은 반 친구들 사이에서 이루어진다고 합니다. 그렇기 때문에 내 아이가 왕따와 무관한 생활을 하고 있다고 할지라도 자녀를 지속적으로 관찰하는 것은 무척 중요한 일입니다.

2
• 내 아이는 어떤 성향인지 파악해 보세요

부모는 우선 내 아이가 친구 관계에서 어떤 위치에 있는지 파악할 수 있어야 합니다.

누구에게나 욕을 잘하고 싸움을 잘하는 아이라면 친구들 사이에서 상위 서열에 있다고 볼 수 있습니다. 몇몇의 약한 친구들에게만 자신의 힘을 과시한다면 중간 서열, 욕을 듣거나 맞고 들어오는 일이 많은 아이라면 하위 서열에 있다고 볼 수 있습니다.

또래 집단에서 위계 서열은 매우 중요한 역할을 합니다. 서열은 하나의 조직처럼 작용하는데 우리가 흔히 말하는 청소년들의 '일진 문화'가 이와 같은 맥락이라 볼 수 있습니다. 이러한 위계 서열에서 밀린다면 왕따를 당하는 일이 잦고, 상위 서열에 있다면 따돌림을 주도할 수 있습니다.

다음과 같은 행동성향을 주의 깊게 읽고 내 자녀는 어떤지 관찰해 보세요. 왕따를 당하고 있을 때 이런 행동이 흔하게 나타납니다.

- 항상 기운이 없고 좋아하는 음식도 잘 먹지 않는다.
- 멍하게 혼자 생각하는 시간이 많다.
- 깜짝깜짝 놀라는 일이 잦다.
- 갑자기 성적이 뚝 떨어진다.
- 학용품이나 소지품이 자주 없어진다.
- 예전보다 더 많은 용돈을 요구한다.
- 몸에 상처가 자주 난다.
- 공책이나 교과서에 '죽어라.', '죽고 싶다.'와 같은 낙서를 한다.
- 학교에 가기 싫다거나 전학 가고 싶다는 말을 자주 한다.
- 머리나 배가 아프다고 호소한다.
- 신경질적이고 공격적인 행동을 할 때가 있다.
- 소풍이나 체육대회 등 학교 외부 활동을 기피한다.
- 집에 늦게 들어오는 일이 잦다.
- 방문을 자주 잠근다.

또한 평소에 이러한 아이가 왕따를 당하기 쉽습니다.

- 스트레스를 적극적으로 해결하기보다는 쉽게 불안해한다.
- 마음이 불편한 나머지 종종 몸이 아프다고 한다.
- 다른 사람의 관점에서 상황을 쉽게 이해하지 못한다.
- 또래를 만날 때 어색해하고 어떻게 놀아야 할지 잘 모른다.
- 어려서부터 말이 많이 늦거나 체구가 왜소하다.
- 자신이 하고 싶은 말을 터놓고 얘기하기 힘들어한다.

반면 왕따시키는 아이는 이런 행동을 합니다.

- 화를 잘 내고 쉽게 흥분한다.
- 불평불만이 많다.
- 잘못했을 때 핑계를 많이 댄다.

- 이유 없이 반항한다.

- 참을성이 없고 말투가 거칠다.

- 집에 늦게 들어오는 일이 잦다.

- 돈을 헤프게 쓴다.

- 친구가 줬다면서 못 보던 고가의 물건을 가지고 다닌다.

- 휴대 전화를 잘 보여 주지 않는다.

- 비밀이 많다.

- 부모와 대화를 기피한다.

- 집에 있는 시간보다 외출 시간이 더 많다.

3
• 내 양육 방식을 되돌아보세요

왕따는 왜 생겨나는 것일까요? 시간이 흐를수록 더 과격해지고 심각해지는 이 현상을 우리는 어떻게 해결해야 할까요?

많은 전문가가 학교 폭력의 원인을 분석하고 여러 가지 해결책을 제시하고 있습니다. 핵가족화로 인한 자녀 과잉보호로 이기적인 아이들이 많아진 점, 높아진 교육열로 경쟁의식에 지친 아이들이 난폭해지고 있다는 점, 폭력적인 컴퓨터 게임이 늘어났다는 점 등 학교 폭력의 원인을 바라보는 시각은 매우 다양합니다. 그럼에도 한 가지, 전문가들의 공통된 견해가 있습니다. 그것은 바로 '가정의 역할'을 강조한다는 것입니다.

가정은 사회화 기관 가운데서 가장 기초적이고 인격적인 기관입니다. 아이가 역할 모델을 가장 먼저 배우는 곳이면서 사회화를 위한 기본적인 인격을 형성하는 곳이기도 합니다. 그만큼 중요한 기관이라는 뜻이지요.

그렇기 때문에 가정의 환경이 아이에게 미치는 영향은 막대하다고 볼 수 있습니다. 그 환경은 부모의 가치관이나 양육 방식에서 비롯됩니다. 내 아이가 왕따 피해자이거나 가해자라면 혹시라도 가정 내의 양육 방식에 문제가 있는 것은 아닌지 돌아볼 필요가 있습니다.

보통 초등학교 때를 학령기라고 합니다. 신체적, 심리적으로 부모에게 의존하던 상태에서 벗어나 또래와의 관계가 중요해지는 시기입니다. 또한 학교에 소속됨으로써 가정의 역할보다는 사회적 역할이 두드러지는 시기이기도 합니다. 그만큼 부모의 관심도 적어질 수밖에 없습니다. 하지만 청소년기의 초입에 서 있는 이 시기를 잘 넘기지 못하면 자녀의 인성 발달에 큰 문제가 생길 수 있습니다.

그렇다면 부모는 어떤 방식으로 아이를 이끌어야 할까요? 먼저 부모로서 아이와의 관계에서 양육 태도를 다시 정립해야 합니다. 가장 바람직한 부모의 양육 태도는 바로 '권위 있는 부모'입니다. 아이들을 따뜻하게 대할 때와 통제할 때를 잘 구분하고, 지켜야 할 규칙은 한정적으로 명확한 반면, 아이들의 개인적인 욕구에 잘 맞추고 존중하는 말과 행동을 쓰며, 설명과 논리로 문제 해결 방식을 가르치는 것이 부모의 권위를 높이는 방법입니다.

이에 비해 지시, 통제, 요구가 많고, 논리나 의논 없이 벌을 주며, 평소 아이에게 따뜻한 태도나 아이 욕구에 대한 반응을 보일 기회가 부족할 경우 아이들은 자아존중감이 낮아지고 너무 예민하거나 공격적이고 극단적인 모습을 보이곤 합니다.

이따금 아이에 대한 신뢰가 매우 큰 나머지 정은 많지만 통제는 거의 하지 않고 아이의 문제는 스스로 알아서 하라는 식으로 놔두는 경우가 있는데, 이 경우 아이가 이기적이며 의존적인 모습을 보이기 쉬우므로 좋은 방식은 아닙니다.

제일 해로운 모습은 '방치하는 부모'입니다. 규칙도, 기대도, 통제도 없이 방관하는 경우이지요.

권위 있는 부모가 되기 위해 다음과 같은 목표를 염두에 두세요.

★ 자아 정체감 형성에 좋은 영향을 주도록 본보기를 보여 주세요

자아 정체성은 아이의 성취감에 큰 영향을 미칩니다. 이 시기 아이들은 자신이 중요하다고 여기는 사람들로부터 존재를 인정받고 싶어 합니다. 또한 자신이 그들에게 얼마나 인간적인 존중을 받고 있는지 고민하게 됩니다. 부모는 가장 가까이에서 아이의 정체감 형성에 긍정적인 역할 모델이 되어 줄 사람입니다. 따라서 평소 언어나 행동에 모범을 보여 아이가 존경하고 본받을 수 있는 사람이 되어야 합니다.

★ 격려자로서의 역할을 해 주세요

또래로부터 좌절감이나 무력감을 경험했을 때 아이는 불안감을 느낍니다. 이때 부모는 아이에게 따뜻한 격려와 위안을 줄 수 있는 격려자의 역할을 수행해야 합니다.

★ 윤리 의식을 가르쳐 주세요

부모가 아이에게 경쟁의식만을 부추기지는 않았는지 반성이 필요합니다. 공부도 중요하지만 그보다 중요한 것은 이 사회에 필요한 윤리 의식입니다. 친구와의 우정, 신뢰, 예의, 약한 자를 돕는 마음가짐 등 요즘 교육에서 등한시되고 있는 윤리 교육은 반드시 가정에서 이루어져야 합니다.

★ 명확한 훈육자로서의 역할이 필요합니다

아이를 지도할 때 잘못된 것은 즉시 통제해야 합니다. 이때 너무 오랫동안 참다가 한 번에 크게 폭발하고 야단을 쳐서 아이가 겁을 먹거나 작은 일에 혼났다는 느낌을 받지 않도록 유의해야 합니다.

부모의 행동이 일관성이 없을 때 아이는 부모를 신뢰하지 않습니다. 대신 잘한 것은 반드시 칭찬해 주어야 합니다. 아이는 부모의 훈육에 따라 잘못된 행동과 옳은 행동을 구분할 줄 알게 됩니다.

★ **아이 스스로 문제와 잘못을 이야기할 때가 좋은 양육 기회입니다**

이따금 아이가 솔직하게 마음을 털어놓을 때가 있습니다. 주로 자신이 잘못한 부분이나 고민이 되는 부분이지요. 이럴 때는 누구나 실수하고 잘못할 수 있는데, 그때 혼자 고민하지 말고 같이 생각해서 답을 찾아야 한다는 점을 강조해 주십시오.

4
● 상황에 대처하는 법을 알려 주세요

내 자녀가 왕따의 피해자나 가해자일 경우 누구보다 당황스러운 쪽은 부모일 것입니다. 하지만 가장 괴로운 것은 아이 자신입니다. 오히려 부모가 아이보다 불안해하거나 흥분하는 모습을 보이면 아이의 고통은 가중되고, 자신이 처한 상황을 회피하거나 거부할 수 있습니다. 부모님은 먼저 내 아이를 안정시키고, 상황에 맞게 대처하는 방법을 교육시켜야 합니다.

아이가 왕따를 당했다는 것을 알았을 때는 이렇게 하세요.

★ 대화를 통해 공감과 지지를 표현해야 합니다

불안해하는 아이에게 윽박을 지르거나 대답을 재촉하면 오히려 침묵할 수 있습니다. "많이 힘들었지? 솔직하게 얘기해 줘서 고마워."와 같은 말로 자녀의 감정을 공감해 준다면 아이는 부모를 신뢰할 수 있습니다. "엄마는 너를 믿어.", "아빠는 네가 잘 이겨 낼 수 있으리라 생각해."와 같은 말을 해줌으로써 위축된 아이를 지지해 주세요.

★ 부모는 감정을 조절할 줄 알아야 합니다

내 아이가 왕따의 피해자라면 어떤 부모든 감정이 격해질 수밖에 없습니다. 하지만 이런 감정을 아이에게는 표출하지 말아야 합니다. 부모가 화를 내고 흥분하는 모습을 보면서 아이는 자신에게 잘못이 있다는 생각을 하게 됩니다. 부모에게 혼날지 모른다는 불안감을 갖게 되는 것입니다. 부모는 자신의 감정을 잘 조절해 아이에게 심리적으로 안정감을 주어야 합니다. 부드러운 말로 아이를 다독여 주면서 대화를 이끌어 간다면 아이 역시 자신의 마음속에 있는 생각들을 고백할 수 있을 것입니다.

★ 원인이 자녀에게 있다고 생각하지 마세요

"네가 어떻게 행동했기에 이런 일이 생기니?", "그러게 애들하고 잘 좀 지내지 그랬어!", "왜 이렇게 문제만 일으키고 다니니!"와 같은 말은 아이에게 더 큰 상처를 줄 수 있습니다. 이미 친구들에게 상처를 받은 상태에서 부모마저 내게로 원인을 돌린다면 아이는 더 위축될 수 있습니다. 이는 아이의 자존감을 저하시키는 행동입니다. "네 잘못이 아니야.", "이런 일은 누구나 겪을 수 있는 일이란다."와 같은 말로 아이를 격려해 줄 필요가 있습니다.

★ 피해 사실을 명확히 인지해야 합니다

간혹 자녀의 피해 사실을 작게 여기고 축소해 판단하는 부모들이 있습니다. 훗날을 위해서라도 피해 사실을 명확히 인지하고 이에 맞는 대처를 해야 합니다. 소지품을 빼앗겼거나 폭행의 흔적이 있다면 반드시 증거 자료를 확보하고 중재위원회가 마련될 경우 이를 활용해야 합니다. 이런 사실을 입증하지 않은 채 넘어간다면 아이는 더 큰 상처를 받을 수 있습니다.

따돌림을 당한 아이들은 심리적으로 위축돼 있기 때문에 우선 자존감을 회복하는 게 무엇보다 중요합니다. 그러기 위해서는 아이가 그 상황을 받아들이고 의연하게 대처할 수 있도록 교육시켜야 합니다. 부모는 아이에게 가해자들의 행동이 옳지 못하다는 사실을 인지시켜야 합니다.

"너를 괴롭히는 아이들이야말로 겁쟁이야."같은 말로 아이의 죄책감을 해소시켜 주고 힘으로 자기 과시하는 가해자들의 행위가 얼마나 나쁜 것인지 단호하게 말해 주어야 합니다.

또한 "나 정말 화나고 싫으니까, 하지 마!"라고 자신의 감정을 명확히 말하는 법을 알려 주어야 합니다. 따돌림당하는 아이 대부분은 자신의 의사 표현을 하지 않은 채 소극적으로 행동하는 경우가 많습니다. 정확한 감정 표현이야말로 나를 지키는 수단이라는 것을 아이가 인지할 수 있도록 해야 합니다.

더불어 "괜찮아, 그럴 수도 있지. 그게 뭐가 어때서?"라는 긍정적인 생각을 가질 수 있는 사고의 전환이 필요합니다. 상처를 받은 아이는 자신도 모르는 사이에 왜곡된 신념을 갖게 됩니다. 이를 '자동

화된 사고'라고 합니다. 특히 학교 폭력의 피해자는 부정적 영향을 미치는 사고를 경험하게 되는데 이는 청소년기의 감정에 큰 영향을 미칩니다. 부모는 아이가 겪은 일이 인생의 중대한 일이 아님을 알려 주어야 합니다. "누구나 겪을 수 있는 일이야."와 같은 말로 아이가 좌절하지 않도록 용기를 줄 수 있어야 합니다.

"네가 잘 이겨 내서 엄마는 고마워."라고 말해 주세요. 아이는 부모가 모르는 사이 혼자 아픔을 감내해 왔을 것입니다. 그 시간을 이겨 낸 아이를 다독여 주어야 아이 역시 사랑받고 있다는 사실에 자존감을 회복할 수 있습니다. 그리고 "또 이런 일이 일어나면 그땐 꼭 엄마에게 말해 줘."라든가 "이런 일이 또 생기면 그땐 내가 지켜 줄게."와 같은 말로 아이에게 앞으로에 대한 신뢰를 주어야 합니다.

반대로 우리 아이가 왕따를 시켰다는 것을 알았을 때는 이렇게 해야 합니다.

★ 아이가 왜 친구를 괴롭혔는지 알아내야 합니다

아이에게 무조건적으로 화를 내기보다는 왜 그런 행동을 했는지 물어보는 것이 중요합니다. 이때 윽박지르고 재촉하지 말아야 합니다. 당황한 아이가 불안감을 느껴 마음을 닫아 버릴 수 있기 때문입니다. 아이의 마음을 공감해 주면서 타이르듯 대화를 이끌어 가도록 해야 합니다.

★ 이유를 말하면 스스로 반성하게 만들어 주세요

아이가 마음을 열고 자신의 행동에 대한 이유를 얘기할 때, 부모는 강압적으로 아이를 이해시키려 들지 말아야 합니다. 스스로 생각할 시간을 주고 반성할 기회를 만들어 주세요. 자신이 왜 그런 행동을 했는지 뉘우칠 시간이 필요합니다.

어느 정도 안정이 되면 아이가 한 행위가 잘못된 점이라는 것을 말해 주고 "엄마는 너를 믿는다."라는 신뢰의 말을 건네 주세요.

내 아이가 따돌림의 가해자라는 사실을 믿고 싶은 부모는 없을 것입니다. 하지만 상황을 받아들이고 다시는 이런 일의 가해자가 되지 않도록 교화시켜야 합니다. 부모는 내 아이가 학교에서 어떻게 생활해 왔는지 파악한 뒤 그에 맞는 해결 방법을 모색해야 합니다.

"그 아이가 먼저 잘못을 했겠지."와 같은 말로 아이를 무조건적으로 감싸는 것은 금물입니다. 가해자의 부모들은 대부분 자기 자식은 아무 잘못이 없다는 일관된 주장을 합니다. 자녀를 정말 사랑한다면 잘못을 뉘우치는 방법을 일깨워 주어야 합니다. "이번 일은 분명 네 잘못인 것 같구나.", "친구를 괴롭히는 것은 나쁜 짓이야."와 같은 말로 자녀의 잘못을 명확하게 짚어 주어야 합니다.

아이가 왜 친구를 괴롭혔는지 정확한 이유를 파악해야 하는 이유는 원인을 찾아야 대책을 마련할 수 있기 때문입니다. 가정의 문제인지, 학업 스트레스 때문인지, 아니면 장난이었는지, 그냥 싫어서였는지 그 이유를 알아내면서, 무조건 아이를 나무라거나 감싸기보다는 내 아이에게도 무엇인가 상처가 있는 것은 아닌지 속마음을 들여다 보는 과정이 필요합니다.

"너도 놀랐겠지만 네가 괴롭힌 친구는 더 아플 거야."

그리고 이렇게 자녀에게 친구의 마음을 헤아릴 수 있는 반성의 시간을 주어야 합니다. '난 잘못이 없어.', '그냥 재미로 했어.'라고 생각하는 경우가 많기 때문입니다. 피해자인 친구가 겪은 상처를 말해 줌으로써 자녀가 자신의 행동을 되돌아볼 기회를 마련해 주세요.

5
• 사랑받고 있음을 인지시켜 주세요

사랑의 다른 이름은 관심입니다. 지금 내 자녀에게 얼마나 많은 사랑을 보여 주고 있나요? 자녀에 대한 사랑은 무조건적이라고 하지만 그것을 가슴속에 꽁꽁 숨겨 두고 있는 부모가 참 많습니다.

셰익스피어는 "부모의 목소리는 신의 목소리다."라고 말했습니다. 부모의 입에서 나오는 말은 그만큼 자녀에게 막대한 영향을 미치게 됩니다. 내 아이가 바르게, 훌륭하게 자라길 바란다면 지금부터 자녀에게 사랑한다고 말해 주세요.

★ 하루에 한 번 사랑한다고 말하고 꼭 안아 주세요

사랑을 듬뿍 받고 자란 아이는 학교생활에서도 확연하게 차이가 납니다. 부모에게 존중받고 있다고 느끼는 순간 자신감이 향상되며 매사에 의욕적입니다. 하지만 그렇지 않을 경우 소극적이고 자신감도 결여됩니다. 내 아이가 또래들 사이에서 따돌림을 받는 것은 그들과 유대감이 잘 형성되지 않기 때문입니다. 무엇인가 그들 마음에 들지 않기 때문이지요.

　친구들에게 외면받는 아이는 가정에서도 이런 대접을 받는 경우가 많습니다. 부모가 아이의 말을 귀담아듣지 않거나 무시하는 경우가 그렇습니다. 우물쭈물한다고 답답해하면 아이는 더 입을 닫아 버립니다. 왜 말을 제대로 못 하는지, 왜 소극적으로 행동하는지 부모가 관심을 갖고 다가가지 않기 때문입니다.

　이런 아이는 학교에서도 환영받지 못합니다. 아이들은 자신과 무엇이든 공유할 수 있는 친구를 선호합니다. 주고받는 농담에도 즉각적으로 반응하고 이해할 줄 아는 친구를 원하는 것입니다. 내 아이가 겉보기에 착실하다고 해서 아무 문제가 없는 것은 아닙니다. 어쩌면 누구보다 부모의 관심을 간절하게 원하고 있을지 모릅니다.

　하루에 한 번, 따뜻하게 가슴으로 자녀를 안아 주세요. 그리고 사랑한다고 말해 주세요.

★ 마음을 담아 자녀에게 편지를 써 보세요

아이에게 하고 싶은 말이 있다면 편지를 활용하는 것도 좋습니다. 이것은 특히 평상시에 표현이 부족한 아버지들에게 좋은 방법이 될 수 있습니다. 꼭 편지가 아니더라도 포스트잇이나 메모지에 "아빠가 사랑하는 거 알지?", "우리 딸이 최고야."와 같은 짧은 문장으로 마음을 표현한다면 자녀는 부모의 사랑을 느낄 수 있을 것입니다.

특히 아이가 학교 폭력의 상처가 있다면 용기를 주는 글귀와 함께 마음을 적어 보는 것도 하나의 방법이 될 수 있습니다. 자녀는 부모의 편지를 통해 진심을 알게 되고 자신 역시 마음을 담아 답장을 쓰고자 할 것입니다.

휴대 전화 메시지로 마음을 전하는 것도 좋은 방법입니다. '공부하느라 힘들지?', '항상 응원한다.'와 같은 문자를 보내 보세요. 부모님에 대한 신뢰와 사랑을 느낄 수 있을 것입니다.

6

• 학교와 연계해서 해결책을 찾아 주세요

집단 따돌림의 해결책을 가정에만 국한시키는 것은 무리입니다. 따돌림이 일어나는 현장은 학교이기 때문입니다. 가해자와 피해자의 부모가 직접 나서 해결하는 것도 중요하지만 재발을 방지하기 위해서라도 학교와의 연계가 이루어져야 합니다.

정부는 2012년 2월 '학교 폭력근절 종합대책'을 최종 확정해 발표했습니다. 이는 학교뿐만 아니라 가정과 사회가 연계해 학교 폭력을 근절해야 한다는 의지가 담겨 있습니다. 그 가운데 알아 두면 유용할 내용 몇 가지만 살펴보겠습니다.

★ 학교장과 교사의 역할 및 책임 강화

학교장이 필요하다고 판단하는 경우 가해 학생에 대해 즉시 출석정지를 할 수 있고 가해자는 별도의 시설에서 교육받을 수 있습니다. 또한 학교폭력대책자치위원회를 분기별로 1회 정기 개최해 학내 폭력 실태 점검 및 교육 방안을 논의해야 합니다.

★ 담임 교사의 역할 강화 및 생활 지도 여건 조성

금년부터 담임 교사는 매학기 1회 이상 학생과 1:1 면담을 실시해야 하고 그 결과를 학부모에게 통지(이메일, 문자 등)해야 합니다. 또한 담임 교사는 학교 폭력 가해, 피해 학생의 학교 폭력 관련 사실, 상담, 치료 등에 관한 사항을 개인별로 누적 기록, 관리하고 생활 지도 자료로 활용할 수 있습니다.

★ 117 학교 폭력 신고 센터 설치 및 조사 기능 강화

학교 폭력 신고 전화를 경찰청 117로 통합하고 교과부와 여가부의 협조를 받아 경찰청이 24시간 운영하는 '117 학교 폭력 신고 센터'를 광역단위로 확대, 설치하기로 했습니다.

또한 시도교육청과 학교 폭력 원스톱 지원 센터에서는 학교 폭력에 관한 전문 조사 인력이 배치됩니다.

★ 학교 폭력 은폐 방지를 위한 제도 개선

그간 감춰지던 학교 폭력을 숨김없이 밝혀내고 학교 폭력에 대한 체계적이고 현장성 있는 정책을 추진하기 위해 매년 초등학교 4학년부터 고등학교 3학년 학생을 대상으로 학교 폭력 실태 전수 조사를 실시합니다.

★ 피해 학생에 대한 우선적 보호와 치유 지원

피해 학생이 최우선적으로 보호받고 신속하게 치유될 수 있도록 관련 제도를 개선합니다. 사안이 중대한 경우 피해 학생은 경찰 동행 보호를 받을 수 있고, 필요시 경찰이 가해 학생들을 감독하게 됩니다. '학교 폭력 예방 및 대책에 관한 법률' 제16조 피해 학생에 대한 보호 조치 중 '전학 권고'를 삭제해 가해 학생은 학교에 남아 있고 피해 학생이 전학 가는 억울한 일이 없도록 할 것입니다. 피해 학생 또는 피해 학생 부모가 요청할 경우 상급 학교 진학 시 피해 학생과 가해 학생이 동일한 학교로 배정되지 않도록 조치합니다.

피해 학생의 심리적 고통을 조기에 경감하고 '피해자→가해자' 악순환에 빠지지 않도록 심리 상담을 의무적으로 받도록 하고 교육지원청은 피해 학생의 의료·법률문제도 원활하게 해결할 수 있도록 지원합니다.

피해 학생의 신속한 치료를 지원하고 치료비 보상 문제로 야기될 수 있는 가해 학생과 피해 학생 학부모 간 분쟁을 미연에 방지하고자, 학교 폭력 선 치료 지원-후 처리 시스템을 마련합니다. 학교폭력대책자치위원회에서 조치가 결정된 학교 폭력 사안에 대해서는 가해 학생 측의 경제적 사정과는 관계없이 학교안전공제회가 피해 학생의 심리 상담, 일시 보호, 치료를 위한 요양에 소요된 비용을 우선 부담한 후 가해 학생 부모에게 구상권을 행사하게 됩니다.

★ 학생-학부모-교사가 함께 학생 생활 규칙을 통해 인성 교육 실천

교사, 학생, 학부모가 충분한 협의 과정을 통해 정한 학생 생활 규칙을 준수하는 과정을 통해 규율 준수의 중요성을 체득하는 실천적 인성 교육을 추진합니다.

이외에도 사회적으로 학교 폭력 예방을 위해 다양한 시도가 이루어지고 있습니다. SNS '페어런타이'가 그중 하나인데, 지역이나 학교, 학년별로 연계가 있는 학부모들끼리 정보를 공유하고 학교 폭력이나 교육 등에 대해서 토론을 하는 서비스입니다.

자녀의 학교, 학급, 학원, 어린이집, 유치원 등의 교육, 보육 기관 및 거주 지역을 기반으로 학부모들이 인맥을 형성하고 교류할 수 있는 서비스이니 참고해도 좋을 듯합니다.

7
• 왕따의 심각성에 대해 인식하게 해 주세요

뉴스에서도 심심찮게 등장하는 학교 폭력은 사회적으로 큰 문제가 되고 있습니다. 더군다나 집단 따돌림이나 잦은 폭행 등으로 인해 극단적인 선택을 하는 학생들이 늘어나면서 자녀를 둔 부모의 불안감도 높아지고 있습니다.

왕따는 심리적 고통과 압박을 주기 때문에 심약한 아이일수록 상황 대처에 큰 어려움을 느낍니다. 문제는 왕따 대상 연령층이 초등학생으로까지 급격히 낮아지면서 이를 하나의 놀이로 인식하는 아이들이 생겨나고 있다는 것입니다.

대형 포털사이트에 개설된 수백 개의 왕따 카페만 봐도 알 수 있습니다. 자신이 싫어하는 친구의 이름 앞에 '안티'를 붙이거나 아예 '○○○ 싫어하는 모임' 등의 제목으로 카페를 개설해 왕따 학생에 대한 모욕적 발언이나 욕설 등을 올려놓습니다. 이러한 사이버불링(cyber bullying: 사이버상의 괴롭힘)은 조치에도 불구하고 여전히 기승을 부리고 있습니다. 특히 어린 나이의 아이들일수록 이것이 범죄가 된다는 점을 모르고 있습니다. 그래서 전문가들은 어리고 미숙한 저연령층일수록 사이버 윤리 교육이 시급하다고 말합니다.

청소년 폭력예방재단이 지난해 조사한 결과에 따르면 청소년 10명 중 3명은 '사이버불링'을 아예 일상적인 학교 문화로 인식하고 있다고 합니다. 친구가 싫어서, 미워서 만들었다는 왕따 카페는 도덕관념이 희박한 아이들에게는 놀이의 수단으로 여겨지고 있는 것입니다.

아이들이 왕따의 심각성을 인지할 수 있는 교육이 시급합니다. 남을 괴롭히면서 얻는 즐거움은 즐거움이 아니라는 것을 말해 주어야 합니다. 그리고 그 즐거움으로 인해 상대방이 괴로움을 느낀다면 그것이 범죄가 될 수 있다고 말해 주어야 합니다.

실제로 "우리는 어리니까 용서되겠지?"라고 안도하며 학교 폭력의 가해자가 되는 학생들이 있습니다. 부모는 자녀에게 어리다고 모두 용서되는 것이 아니라는 것을 일깨워 주어야 합니다.

자녀가 왕따 문제의 가해 측에 연루될 경우 초기부터 2인 이상 교사 입회 아래 가해 학생과 부모가 사과의 말과 사전에 작성된 서면 사과문을 피해 학생 및 부모에게 건넬 것을 권합니다. 모든 일의 시작, 원인, 문제를 찾기보다는 초기부터 사과하면서 서로의 갈등을 푸는 쪽이 서로의 적응을 돕고 문제가 장기화되는 것을 효과적으로 막을 수 있으니까요.

18세 이하 청소년들이 범죄를 저지르면 소년부로 가게 됩니다. 그중에서도 심각한 범죄나 학교 폭력 같은 반복 범죄를 저질렀을 경우 소년분류심사원에 보내져 구속 수감됩니다.

신체적인 폭행을 가하지 않았다고 해서 왕따가 면죄부를 얻을 수 있는 것은 아닙니다. 정신적 고통이야말로 사람에게 막대한 해를 끼칠 수 있다는 점을 분명히 하고 아이가 이것을 심각한 범죄로 인지할 수 있도록 가르쳐야 합니다.

★ 학교폭력대책자치위원회의 조치

학교 폭력의 가해 학생은 가해행위가 확인되면 학교폭력대책자치위원회로부터 피해 학생에 대한 서면 사과, 피해 학생에 대한 접촉 및 협박의 금지, 학급교체, 전학, 학교에서의 봉사, 사회봉사, 학교 안팎의 전문가에 의한 특별 교육 이수, 심리 치료, 10일 이내의 출석정지 및 퇴학 처분의 조치를 받습니다.

★ 형사책임

학교 폭력의 가해 학생은 형법에 따라 상해죄, 폭행죄, 감금죄, 협박죄, 약취, 유인죄, 명예훼손죄, 모욕죄 및 공갈죄 등으로 처벌받을 수 있습니다.

★ 민사책임

학교 폭력 피해자는 가해자에 대해 민사소송을 통해 배상을 청구

할 수 있습니다. 미성년자가 타인에게 손해를 가한 경우에 그 행위의 책임을 변식할 지능이 없을 때에는 불법행위에 대한 배상의 책임이 없습니다. 이런 경우 민법 제755조에 따라 이를 감독할 법정의무가 있는 자(친권자)가 그 손해를 배상할 책임이 있습니다.

★ 전화 상담 및 신고

- 학교 폭력 신고 전화: 117 · 청소년 긴급 전화: 1388
- 학교 폭력 SOS 지원단: 1588-9128 · 학생 고충 상담 전화: 1588-7179
- 청소년폭력예방재단: 02) 585-0098

★ 사이버 상담센터

- 위센터 www.wee.go.kr · 청소년사이버상담센터 www.cyber1388.kr
- 안전드림 www.safe182.go.kr

★ 도움을 받을 수 있는 상담기관

- 각 지역 정신 보건 센터 · 청소년 상담원, 청소년 수련관, 복지관

★ 스마트폰 애플리케이션

- 굿바이 학교 폭력

대한민국 대표 인성·환경·역사 교과서
왜 안 되나요 시리즈

중국 저작권 수출 도서
서울환경연합 선정도서
서울시교육청 추천도서
아침독서 선정도서

교보문고 키위맘 선정도서
한우리 독서올림피아드 필독서
소년한국우수도서 선정도서
국립어린이청소년도서관 추천도서

어린이를 위한 습관의 힘 시리즈

탤리캣과 마법의 수학 나라 시리즈

말뜻을 알면 개념이 쏙쏙 잡히는 시리즈

세상을 바꾸는 멘토 시리즈

권당 12,000원 · 각 시리즈는 계속 출간됩니다!